Hauke Reimer (Hg.), Martin Seiwert

Christoph Werner

Mein Leben, meine Firma,
meine Strategie

Wir übernehmen Verantwortung! Ökologisch und sozial!
- Verzicht auf Plastik: kein Einschweißen der Bücher in Folie
- Nachhaltige Produktion: Verwendung von Papier aus nachhaltig bewirtschafteten Wäldern, PEFC-zertifiziert
- Stärkung des Wirtschaftsstandorts Deutschland: Herstellung und Druck in Deutschland

Hauke Reimer (Hg.), Martin Seiwert

Christoph Werner

Mein Leben, meine Firma, meine Strategie

Externe Links wurden bis zum Zeitpunkt der Drucklegung des Buches geprüft. Auf etwaige Änderungen zu einem späteren Zeitpunkt hat der Verlag keinen Einfluss. Eine Haftung des Verlags ist daher ausgeschlossen.

Ein Hinweis zu gendergerechter Sprache: Die Entscheidung, in welcher Form alle Geschlechter angesprochen werden, obliegt den jeweiligen Verfassenden.

Bibliografische Information der Deutschen Nationalbibliothek

Die Deutsche Nationalbibliothek verzeichnet diese Publikation in der Deutschen Nationalbibliografie; detaillierte bibliografische Daten sind im Internet über http://dnb.d-nb.de abrufbar.

ISBN 978-3-96739-157-2

Umschlaggestaltung: Martin Zech, Bremen | www.martinzech.de
Coverillustration: Nigel Buchanan
Beratung Coverillustration: Patrick Zeh, Düsseldorf
Bildredaktion: Patrich Schuch, Düsseldorf
Satz und Layout: Lohse Design, Heppenheim | www.lohse-design.de
Druck und Bindung: Salzland Druck, Staßfurt

Copyright © 2023 GABAL Verlag GmbH, Offenbach
Alle Rechte vorbehalten. Vervielfältigung, auch auszugsweise, nur mit schriftlicher Genehmigung des Verlags.

Wir drucken in Deutschland.

www.gabal-verlag.de
www.gabal-magazin.de
www.facebook.com/Gabalbuecher
www.twitter.com/gabalbuecher
www.instagram.com/gabalbuecher

PEFC zertifiziert
Dieses Produkt stammt aus nachhaltig bewirtschafteten Wäldern und kontrollierten Quellen.

www.pefc.de

Inhalt

Vorwort 7

ERSTES KAPITEL Die Ursprünge 11

Am Anfang stand der Vater 12
Väter und Söhne 20
Familienleben in den 70er- und 80er-Jahren 28
Umbrüche: Filialen an die Macht 34

ZWEITES KAPITEL Der Mensch Christoph Werner 39

Auf der Waldorfschule 40
Zwischen dm-Regalen 48
Auf dem Weg in die Nachfolge 51
Mit Kritik umgehen 57
Kindheit in einem Multimillionärshaushalt 60
Step by step – die beruflichen Stationen 63
Vom Geschäftsführer zum Vorsitzenden der Geschäftsführung 72
Eigene große Weichenstellungen 77
Bruch mit Alnatura: aus Zitronen Limonade machen 84

DRITTES KAPITEL Das Unternehmen 89

50 Jahre dm: mit neuem Schwung
an die Kulturarbeit 90
Mit drogistischer Kompetenz: die Regale füllen 98
Zukunftsmarkt Gesundheit 103
Produktauswahl: zwischen Kundenbedürfnissen,
Kommerz und Verantwortung 106
Markenpolitik und Preispolitik 112
Außendarstellung und Werbung 116
Online-Handel und stationärer Handel 125
Neue Märkte 128
Ein typischer Christoph-Werner-Tag 133
Für die Menschen da sein 139

VIERTES KAPITEL Gesellschaftliche
Herausforderungen 147

Das bedingungslose Grundeinkommen:
für die Würde des Menschen 148
Klimaschutz: durch technische Lösungen 155
Russlands Angriff auf die Ukraine 159
Hier bin ich Mensch ... 162

Zeittafel: 4000 Filialen in 50 Jahren 164

Über die Autoren 166
Bildnachweis 168

Vorwort

»Wie gründe ich erfolgreich – und wie schaffe ich es, dann nicht wieder abzusteigen?« Allgemeingültig beantworten lässt die Frage sich nicht, dazu sind die Bausteine des Erfolgs zu verschieden. Und doch funktionieren Gründung und Expansion nach Gesetzen, die sich in vielen Aufsteigergeschichten wiederholen. Diesen Regeln des richtigen Handelns will die *WirtschaftsWoche* mit der Buchreihe *Mein Leben, meine Firma, meine Strategie* nachspüren. Prominente Unternehmerpersönlichkeiten, die Außergewöhnliches geschaffen haben, berichten über Höhen und Tiefen, ihre Stärken und Schwächen, ihre Tops und Flops. So kommen Nahaufnahmen von Menschen zustande, die sich sonst nur einem engen Kreis Vertrauter öffnen – und der Familie, die sehr oft den Geist eines Unternehmens prägt. Der Familie, die antreiben und motivieren kann, aber auch bremsen oder gar ruinieren. Das Muster ist bekannt, seit Thomas Mann und seinen *Buddenbrooks*: Die erste Generation gründet, die zweite treibt die Firma in neue Dimensionen, die dritte erledigt sie, verschleudert das Vermögen. In der Drogerie-Dynastie der Werners von dm, deren Mitglieder schon immer ihren eigenen Weg gingen, sah und sieht das ganz anders aus: Die erste Generation stagnierte geschäftlich, die zweite gründete neu und machte die Firma groß, die dritte führt sie in neue Dimensionen. So lassen sich die Rollen umreißen, die Christoph Werners Großvater, der Vater Götz Werner und er selbst für das Unternehmen spielen. Ein derart unverkrampfter Umgang mit dem firmenprägenden Patriarchen und Vater, so wie Christoph Werner ihn hier offenbart, ist in Familienunternehmen eher die

Ausnahme. Möglich nur, wenn die Rolle im Unternehmen nicht auf dem Status Sohn beruht, sondern auf eigener Leistung. Werner hat in internationalen Konzernen Karriere gemacht, ehe er sich der Firma des Vaters annäherte und dann mit gesundem Selbstbewusstsein an die Arbeit ging. In diesem Interviewband wird deutlich, wie er dm fortentwickelt und prägt, das Unternehmen internationalisiert und ins digitale Zeitalter führt. Er skizziert Erkenntnisse und Lösungen, die vielen in der Wirtschaft weiterhelfen dürften, nicht nur im hart umkämpften Handel. *WirtschaftsWoche*-Redakteur Martin Seiwert hat mit Christoph Werner dazu mehrmals lange Gespräche geführt, in denen dieser so manches Geheimnis der noch lange nicht letzten dm-Generation enthüllte.

Hauke Reimer

Das Unternehmen dm – das sind 4000 Drogeriemärkte in 14 Ländern. Ein Branchenführer, überhäuft mit Preisen, etwa für vorbildliches Management, größte Beliebtheit als Arbeitgeber oder höchstes Kundenvertrauen. Und das ist Götz Werner, der 2022 verstorbene Gründer. Er war Spross einer erfolgreichen Drogistenfamilie und doch musste er nach einem Zerwürfnis mit dem Vater bei null anfangen. Was mit seinem ersten Markt in Karlsruhe und einer Handvoll Mitarbeiter begann, ist 50 Jahre später Europas größte Drogeriekette mit 72.000 Mitarbeitern.

Werner startete als Querkopf, der mit dem Discounter-Prinzip die Branche umkrempelte, machte weiter als Querdenker, der wie kaum ein anderer das Unternehmertum neu dachte, und war zuletzt ein gefragter Vordenker in gesellschaftlichen Fragen. Das sagt sein Sohn, Christoph Werner, voller Respekt, nicht aber in blinder Verehrung. Der Sohn wurde 2011 Mitglied der dm-Geschäftsführung, 2019 Vorsitzender der Geschäftsführung. Er geht in den Fußstapfen seines Vaters, wo es sinnvoll ist, sucht aber neue Wege, wo es nötig ist. Getreu dem Credo von Götz Werner: »Koninuität und Kreativität«.

ERSTES KAPITEL

Die Ursprünge

Am Anfang stand der Vater

Herr Werner, für einen Gesprächsbeginn ist es ein ungewöhnliches Thema. Trotzdem möchte ich mit dem Tod beginnen, dem Tod Ihres Vaters Götz W. Werner, der im Februar 2022 gestorben ist. **Er fehlt als der Gründer und Inspirator von dm, als Gesicht des Unternehmens und natürlich als Mensch. Wie geht es Ihnen heute damit?**
▶ Der Tod meines Vaters ist ein Einschnitt für mich. Ich denke, jeder, der bereits einen Elternteil verloren hat, kennt dieses Gefühl. Es fällt auch mir nicht leicht, damit umzugehen, weil ich mit der Tatsache vertraut werden muss, dass sein Leben nun abgeschlossen und nicht mehr veränderlich ist. Solange er noch lebte, konnten Dinge besprochen werden, konnten besser verstanden werden, gemeinsame Fragestellungen konnten bewegt werden. Jetzt ist das Buch des Lebens zugeschlagen, es kann nicht mehr weitergeschrieben werden. Es bleibt mir nur noch die Interpretation dieses Buches. Das fühlt sich alles plötzlich sehr anders an für mich. Das habe ich bei meiner bereits verstorbenen Mutter so empfunden, bei verstorbenen Freunden und nun eben auch bei meinem Vater.

Wie hat der Tod das Unternehmen verändert?
▶ Mein Vater hat das Unternehmen sehr stark geprägt, vor allem durch die Führungsprinzipien und die Strategien, die er entwickelt und dann auch mithilfe der Menschen in der Arbeitsgemeinschaft sehr kraftvoll umgesetzt hat.

»Ich finde es großartig, sich aus kleinen Anfängen heraus immer größere Wirkfelder zu erschließen.«

Götz (links) und Christoph Werner 2017 auf der Beautymesse »Glow«

Sie sprechen von »Arbeitsgemeinschaft«, meinen damit die Belegschaft. Auch das ist ein Erbe Ihres Vaters: neue Begriffe, die eine andere Haltung zeigen.
▶ Ja, so hat er dm unnachahmlich geprägt. Auch wenn mein Vater in den letzten Jahren bei Entscheidungen im Unternehmen meistens gar nicht mehr dabei war, so war er doch für uns immer präsent. Was wir gemacht haben, haben wir immer noch unter zumindest gedanklicher Einbeziehung meines Vaters gemacht. Er war eine Autorität im Hintergrund …

... die nun nicht mehr da ist.
▶ Es fühlt sich an, als hätten wir die bisherigen Führungsschienen hinter uns gelassen. Jetzt müssen wir die Entscheidungen einzig und allein aus uns selbst heraus fällen.

Wird das Unternehmen nun ein anderes, als es unter Götz Werner war?
▶ Mein Vater ist 2008 aus der operativen Geschäftsführung ausgeschieden. Das Unternehmen hat sich schon seit diesem Zeitpunkt extrem verändert. Den Ansatz des Omni-Channel-Retailings, also den Verkauf über diverse Absatzkanäle, gab es damals noch kaum. Vor allem das Online-Geschäft hat sich erst seither entwickelt. Wir hatten damals zwar eine Website, aber wir haben dort keinerlei E-Commerce betrieben, es war nur ein Kommunikationskanal. Wir waren auch noch wesentlich kleiner. Und Schlecker – inzwischen vom Markt verschwunden – war damals noch ein einflussreicher, großer Marktteilnehmer. Wir hatten weniger Märkte, viel weniger Umsatz und waren in weniger Ländern präsent. Dadurch war die Komplexität der Organisation deutlich geringer. Also: Wir waren ein anderes Unternehmen. Trotzdem aber gelten die Grundsätze, die mein Vater geprägt hat, größtenteils bis heute. Sie sind lebendig, finden teilweise aber vor dem Hintergrund der Anforderungen der Zeit neue Ausdrucksweisen.

Wäre Ihr Vater stolz, dass viele seiner Regeln noch nicht über den Haufen geworfen wurden? Oder würde er kritisieren, dass dm heute nicht innovativ genug sei?
▶ Mein Vater hat Grundsätze geprägt, damit sie möglichst lange Orientierung geben. Aber er wollte auch, dass sie ständig überprüft und, wenn nötig, verändert werden. Ich denke, das tun wir.

»Kontinuität und Kreativität« nannte er das Prinzip.
▶ Ja, das war einer dieser Grundsätze. Kontinuität war ihm wichtig. Zum Beispiel, dass das Unternehmen immer auch von den Kunden als dm erkannt und als verlässlich erlebt wird. Oder Kontinuität bei den Prozessen, damit sie dann auch funktionieren. Wichtig war ihm aber eben auch die Kreativität. Dass man also immer nach Wegen sucht, Dinge besser zu machen. Deswegen hat er mitunter Schritte unternommen, die so groß waren, dass sie andere Menschen irritiert oder sogar verstört haben.

Ich war bei der Gedenkfeier für Ihren Vater. Da haben Sie gesagt, er habe sich vom Querkopf über den Querdenker zum Vordenker entwickelt.
▶ Diese Entwicklung war wirklich etwas, das ihn ausgezeichnet hat. Dem Querkopf Götz Werner ging es darum, die Dinge anders zu machen als bislang üblich. Er spürte, dass es auch anders gehen würde, und er hat sich deshalb gegen Etabliertes aufgelehnt. Als Querdenker (im ursprünglichen Sinne!) ist es ihm dann gelungen, Impulse für Perspektivenwechsel zu geben, um andere Lösungen als die bisher bekannten denken zu können. Und schließlich übernahm er die Rolle des Vordenkers, der nicht nur das Bestehende umdenkt, sondern aus der Zukunft, vom Ende her denkt und neue Wege weist.

Aus diesen Worten spricht Bewunderung.
▶ Ich finde es großartig, wenn es im Leben gelingt, aus kleinen Anfängen heraus sich immer größere Wirkfelder zu erschließen. Und das ohne Verbissenheit. Mein Vater hat das alles nicht erzwungen. Es ist auf ihn zugekommen. Zum Beispiel hat er im letzten Drittel seines Lebens unglaublich viele Vorträge gehalten. Es kamen einfach so viele Menschen auf ihn zu mit dem Wunsch, dass er einen Vortrag halte.

»Auszeichnungen werden schnell zu einem süßen Gift.«

Posthume Aufnahme von Götz Werner in die »Hall of Fame der Familienunternehmer« mit *Handelsblatt*-Chefredakteur Sebastian Matthes (links) und Christoph Werner

Warum dieses Interesse an ihm? Wie erklären Sie sich das?
▶ Ich glaube, er hat Menschen auf eine Art und Weise angesprochen, die Hoffnung und Zuversicht auslöst hat. Es gibt ja zweifellos auch viele Schattenseiten in der Wirtschaft. Die Wirtschaft wird deshalb oft als bedrohlich erlebt, als ein menschenfeindliches System. Mein Vater hat dm transformiert von einem Aldi für Drogeriewaren hin zu einem Unternehmen, das aus meiner Sicht sehr zu Recht den Slogan hat: »Hier bin ich Mensch, hier kauf ich ein.« Diese starke Leistung der Arbeitsgemeinschaft dm und dieses zugewandte Wesen meines Vaters, das hat die Menschen in ihrer Zuversicht bestärkt. Ich würde sogar sagen: Es hat sie berührt.

Was war das für ein Mensch, der hinter dieser Leistung und auch hinter dieser Botschaft steckte?
▶ Er war ein Mensch, der das faustische Prinzip für sich realisiert hat. Er hat es wirklich gelebt.

Also das rastlose Streben nach neuer Erkenntnis, die ständige Suche als Ziel.
▶ Es war gar nicht so, dass er diesem Prinzip unbedingt gerecht werden wollte. Es war einfach in ihm veranlagt. Er hat nie aufgehört, Dinge infrage zu stellen, nach dem Besseren zu suchen. Das kam vielleicht auch durch seine Kindheit, seinen Werdegang.

Inwiefern?
▶ Mein Vater wurde in eine Ehe geboren, die zerbrochen ist, als er noch ein Kind war. Dies zu einer Zeit, als eine Scheidung noch ein Makel war. Als Kind hatte er es somit nicht leicht. Es gibt nun zwei Möglichkeiten, wenn Sie in Widerstände hineingeboren werden: Entweder Sie verlässt der Mut oder Sie entwickeln Willenskräfte, um damit klarzukommen. Mein Vater bezog seine Kraft aus der festen Überzeugung, dass es immer Wege gibt und dass die Suche danach nie aufhören darf.

Ihr Großvater war Drogist. Hat der kleine Götz davon geträumt, Drogist zu werden? Oder doch eher Feuerwehrmann?
▶ Ursprünglich wollte er Kapitän auf dem Neckar werden, denn die Schiffe, die durch Heidelberg fuhren, haben ihn fasziniert. Später aber hatte er dann tatsächlich den Berufswunsch Drogist. Er hat als Kind in der elterlichen Drogerie schon viel mitgearbeitet. Er hat sich dort ein zusätzliches Taschengeld verdient, mit dem er seine elektrische Eisenbahn weiter ausbauen konnte. Und so ging er dann also, in Abstim-

mung mit seinem Vater, ganz bewusst den Weg in Richtung Drogist. Er hat kein Abitur gemacht, sondern ging auf die Handelsschule und hat dann eine Drogistenausbildung bei einer befreundeten Drogerie in Konstanz gemacht.

Wenn jemand stirbt, dann befasst man sich oft noch einmal mit seinem Leben, geht vielleicht alte Briefe oder Fotos durch. Sie haben das auch getan, auch für die Vorbereitung der Gedenkfeier. Was haben Sie dabei über Ihren Vater gelernt?
▶ Es gab unglaublich viel Kondolenzpost. Auch von langjährigen Weggefährten meines Vaters. Sie haben in den Briefen geschildert, wie sie ihn erlebt haben, was ihn ausgezeichnet hat.

Und – was haben sie geschrieben?
▶ Sie haben einen Menschen beschrieben, der sehr klar und stringent sein konnte in seinen Überzeugungen, bis hin zur Kompromisslosigkeit. Der aber auch ganz anders, einfühlsam, voller Rücksicht, sein konnte. Mir kommt eine Geschichte in den Sinn, die ihn ganz gut charakterisiert. Mein Vater wirkte einst an der Organisation eines Kongresses mit und verpflichtete einen Redner, der bei den Zuhörern überhaupt nicht gut ankam. Mein Vater war danach echt sauer. Auf dem Rückweg traf er am Bahnhof den Geschäftsführer eines Unternehmens, bei welchem er damals Mehrheitsgesellschafter war. Mein Vater sah also den Geschäftsführer und setzte sich mit ihm in dasselbe Zugabteil und holte gleich die Bilanz des Unternehmens aus der Aktentasche. So übel gelaunt, wie er war, nahm er den Geschäftsführer wegen jeder einzelnen Position in die Zange. Es saßen auch ein paar Nonnen mit im Abteil, die den armen Geschäftsführer voller Mitleid ansahen. Nach dieser quälenden Zugfahrt stiegen die beiden in Karlsruhe aus, und meinem Vater muss gedämmert haben, wie er

dem Mann zugesetzt hatte. Er legte ihm den Arm um die Schultern und sagte:»Tja, das Leben ist auch nicht immer leicht.« Daraufhin entschwand er gut gelaunt zum Ausgang. Das war typisch für meinen Vater: Er hatte verschiedene Seiten und hat Menschen immer wieder überrascht.

In der Öffentlichkeit wirkte es immer so, als wäre es die reinste Freude gewesen, für ihn zu arbeiten.
▶ Die Menschen, die ihn als humorvollen und zugewandten Menschen kennengelernt hatten, mussten erleben, dass er auch ein wirklich harter Geschäftsmann sein konnte. Die waren dann teilweise richtig schockiert. Wobei eine gewisse eiserne Konsequenz manchmal auch am Platze ist. In seinem späteren Leben wurde diese freundliche und zugewandte Art dominanter. Das lag sicherlich auch daran, dass er später operativ weniger in der Verantwortung war. Denn man darf nicht vergessen: Wenn Sie in der Gesamtverantwortung sind, dann haben Sie permanent Sorgen. Dann müssen Sie sich ständig mit Dingen befassen, die nicht funktionieren. Und es funktioniert ja vieles nicht, wenn man mal ehrlich ist.

Sie scherzen! Bei dm?
▶ *(Lacht.)* Ja, schon. Es funktioniert bei uns mehr, als nicht funktioniert, sonst würden wir uns kaum behaupten können. Trotzdem ist der Druck hoch für viele Verantwortliche und gerade für den Gesamtverantwortlichen. Das kann zu einer gewissen Härte führen. Mein Vater hat es trotzdem verstanden, die Dinge meist leicht zu nehmen. Oder zumindest schaffte er es, dass es nach außen so wirkte. In ihm sah es manchmal anders aus.

Väter und Söhne

Wie haben Sie das als Kind erlebt? Hat er den Stress mit in die Familie hineingenommen?
▶ Das können Sie von der Familie nicht komplett fernhalten, das geht gar nicht. Das Unternehmen ist automatisch immer Thema in der Familie. Ich habe den Druck schon gespürt, gerade auch wenn ich mit ihm in dm-Märkten unterwegs war. Ich bin als Kind und Jugendlicher oft mitgefahren zu seinen Filialbesuchen. Wenn wir nach der Zeit in einem dm-Markt wieder im Auto saßen, war die Anspannung immer noch da. Es lief meistens kein Radio, es war einfach still im Auto, und mein Vater dachte über das nach, was er gerade erlebt hatte und welche Schlüsse er daraus ziehen würde.

Sicher kein Vergnügen für ein Kind, so durch die Gegend zu fahren.
▶ Es war nicht immer amüsant. Aber ich bin trotzdem sehr gern mitgefahren, denn das hat mich alles sehr interessiert.

Ihr Vater stand also oft unter Strom.
▶ Ja, schon. Er hatte auch zeitlebens einen zu hohen Blutdruck. Das kommt nicht von ungefähr. Er hat deshalb ganz bewusst den Ausgleich gesucht. Er hat in späteren Jahren wieder mit dem Rudern begonnen und hat mit Mitte 30 gelernt, Querflöte zu spielen. Letztlich hatte auch seine Hinwendung zur Anthroposophie damit zu tun. Das war ja nicht, weil er irgendwann ein weltfremder Träumer geworden wäre. Er hat gemerkt, dass die Anforderungen ihn auf eine Art und Weise veränderten, die ihm nicht gefiel. Es reicht aber nicht, rein

»*Er war eine Autorität im Hintergrund.*«

Christoph Werner 2023 in seinem Büro
in der Karlsruher Firmenzentrale »dialogicum«

kognitiv zu reagieren, einfach zu sagen: Ich werde das nun anders machen. Man muss sich anderen Dingen aussetzen, sich mit anderen Dingen beschäftigen, um sich zu verändern.

Viele Familienunternehmer verspüren einen großen Druck, weil sie sich der Familie verpflichtet fühlen. Scheitern sie, dann nehmen sie ihren Kindern und Enkeln sozusagen das Unternehmen weg. War das bei Ihrem Vater auch so?

»*Am Wochenende war er da. Ich saß dann oft
auf seinen Schultern.*«

Vater Götz Werner mit Sohn Christoph auf der Terrasse
der Großeltern in Heidelberg

▶ Auch diesen Druck kannte er gut. Mein Vater war Teil der vierten Generation einer Drogistenfamilie. Es war damals immer die Rede davon, was wernersche Familientradition ist und wie man sie am besten bewahrt. Dieses ständige Betonen der Familientradition war ein Grund, warum mein Vater mit seinem Vater in der beruflichen Zusammenarbeit überhaupt nicht klargekommen ist. Er machte sich davon dann später ganz bewusst frei, ging seinen eigenen Weg und versuchte dann permanent, Dinge im Unternehmen zu hinterfragen, besser zu machen. Dieses bewusste Sichfreischwimmen von der Tradition hat letztlich das ganze Unternehmen dm geprägt. Dinge zu machen, weil man sie immer schon so gemacht hat, das ist bei uns sicher keine Maxime. Mein Vater hat irgendwann erkannt, dass das Geschäftsmodell meines Großvaters keine Zukunft mehr hatte. Schauen Sie mal, das ist eine Streichholzschachtel mit den beiden Werbeslogans meines Großvaters. *(Zeigt auf dem Bildschirm des Computers ein Foto.)* Der eine Slogan heißt: »Drogerie Werner führt alles oder besorgt es schnell«. Auf der anderen Seite der Packung steht: »Drogerie Werner – vielseitig, höflich, preiswert«. Mein Vater hat immer gesagt: »Vielseitig, höflich, preiswert« hat die Drogerie Werner erfolgreich gemacht. »Führt alles oder besorgt es schnell« hat sie kaputt gemacht. Denn: Alles zu führen, für den Kunden alles möglich zu machen und zugleich besonders preiswert zu sein, das war betriebswirtschaftlich auf Dauer nicht durchzuhalten.

1968 hat Ihr Vater zu Ihrem Großvater gesagt: »Wenn du so weitermachst, bist du bald pleite.« Das fand der nicht lustig und setzte ihn vor die Tür.

▶ Es war eigentlich von langer Hand geplant gewesen, dass mein Vater in das Unternehmen einsteigt. Deshalb ja auch die Ausbildung zum Drogisten. Aber mein Großvater hatte ein sehr aufbrausendes Temperament, nach der Kritik meines Vaters war er einfach völlig aus dem Häuschen. Dass es mit ihm und meinem Vater nicht funktioniert hat, lag sicher auch am Altersunterschied. Als mein Vater 1968 ins Unternehmen kam, war mein Großvater schon 66 Jahre alt. Aber mein

Großvater war zunächst mal ein recht erfolgreicher Unternehmer. Er hatte den richtigen unternehmerischen Geist. Und Glück im Unglück hatte er auch: Weil er sehr schlecht sah – er hatte sehr dicke Brillengläser –, war er untauglich und musste nicht in den Krieg; er konnte das Unternehmen weiterführen. Als der Krieg dann vorbei war, war er voller Elan, was seine Drogerie anging. Wenn er die Fenster seiner Drogerie putzte, sagten die Passanten zu ihm: »Was machst du da, das hat doch sowieso alles keinen Sinn.« Die wirtschaftliche Lage war desaströs, die Träume waren zerbrochen. Mein Großvater aber war voller Optimismus. Er sagte den Leuten: »Egal, wie die Lage ist – bei uns in der Firma geht's weiter.«

War Ihr Vater der Einzige, der für die Nachfolge vorbereitet wurde? Hatten seine Geschwister kein Interesse?

▶ Mein Vater war der Einzige, der sich für das Unternehmen wirklich interessierte. Er wusste, was auf ihn zukam, wusste, was er wollte, und wurde dann bei der Ausbildung in Konstanz und einer späteren Station in Wuppertal noch selbstständiger. Danach wollte er direkt bei meinem Großvater die Dinge anpacken und verändern. Der aber sagte: »Jetzt arbeitest du dich hier erst mal richtig ein, bevor du die Dinge auf den Kopf stellst.« Doch um ein bisschen im Hintergrund zu wirken und Liegengebliebenes aufzuarbeiten, dafür war mein Vater der Falsche.

Wie kam es dann zum Bruch?

▶ Ob mein Vater letztlich von seinem Vater rausgeschmissen wurde, so wie mein Vater es später in Erinnerung hatte, oder ob er im Zorn seine Dinge gepackt hat und gegangen ist, darüber gibt es unterschiedliche Berichte. Letztlich ist das aber auch nicht so wichtig, denn Tatsache ist: Die Wege der beiden haben sich getrennt und mein Vater musste noch mal neu anfangen. Mein Vater ist nach Karlsruhe gezogen. Und er hatte mit seinem Vater, der in Heidelberg war, bis Anfang der 80er-Jahre keinen Kontakt mehr.

Wie ging es mit der Drogerie Ihres Großvaters weiter?
▶ Seine Drogeriekette wurde an das Unternehmen Godel aus Hannover verkauft. Dieses Unternehmen gibt es heute noch. Als ich älter wurde, hat mich das auch alles interessiert, ich habe natürlich nach meinem Opa gefragt. Und dann hat mein Vater irgendwann gesagt: »Gut, dann fahren wir mal hin und besuchen ihn.« Auch das war ganz typisch für meinen Vater. Damit hätte in der Situation eigentlich niemand gerechnet. Es muss also so um das Jahr 1980 gewesen sein, da sind meine große Schwester, meine Mutter und ich dann mit meinem Vater nach Heidelberg zu ihm gefahren. Mein Großvater hatte damals im Nebengebäude der bereits verkauften Drogerie Werner noch einen kleinen Laden für Siebdruckbedarf. Da sind wir dann reingegangen und dort haben sich mein Vater und sein Vater dann zum ersten Mal wiedergesehen. Mein Großvater war da schon fast 80 Jahre alt.

Wie sind Ihr Vater und sein Vater miteinander klargekommen?
▶ Sie hatten dann noch eine ganz gute Zeit zusammen. Mein Großvater war ja auch sehr stolz auf das, was sein Sohn erreicht hat. Später haben wir festgestellt, dass er immer aus der Zeitung ausgeschnitten hatte, was er dort über dm fand. Er hatte eine große Portion Achtung vor meinem Vater, war aber eben auch enttäuscht. Er hat sinngemäß gesagt: Toll, was der Götz da geschaffen hat – es ist viel größer als das, was ich für ihn vorgesehen hatte. Als mein Großvater mit Ende 60 gemerkt hatte, dass seine Kräfte nicht mehr reichten, um das Unternehmen weiterzuführen, musste er es verkaufen. Auch das war eine ganz bittere Erfahrung für ihn.

»Wer Unternehmer als Eltern hat, erlebt täglich Risikobereitschaft.«

Drei Generationen Werner: Götz Werner (Mitte) mit Sohn Christoph und Enkel am Bodensee

War es denn keine Option für Ihren Vater, die Drogeriekette seines Vaters zu übernehmen? Das wäre vielleicht eine versöhnliche Geste gewesen.

▶ Nein, das Unternehmen musste 1972 verkauft werden, da war mein Vater noch Angestellter bei einer anderen Drogerie und hatte nicht die für eine Übernahme notwendigen finanziellen Mittel. Das ging also nicht. Später, als das Stammhaus der Drogerie Werner verkauft wurde, ist es ihm angeboten worden. Aber mein Vater hat gesagt: Was soll ich damit? Es stand für die Familie, war für ihn aber auch emotional belastet. Ich bin froh, dass er es nicht gekauft hat. Wozu auch? Es war Teil einer Vergangenheit, die es zu ehren gilt, die man aber auch hinter sich lassen darf. Das Haus in Karlsruhe, wo der erste dm-Markt aufgemacht hat, hat mein Vater später gekauft – und dann abgerissen.

Wirklich? Wäre doch gut fürs Marketing. Das Haus mit der ersten Starbucks-Filiale ist eine Pilgerstätte.

▶ Das Haus sollte unter Denkmalschutz gestellt werden. Darüber hatte mein Vater eine große Auseinandersetzung mit der Stadt. Aber er hat das Haus einfach abgerissen und etwas anderes hingestellt. Da war er völlig unemotional.

Familienleben in den 70er- und 80er-Jahren

Wie haben Sie in der Kindheit Ihren Vater erlebt?
▶ Unter der Woche hat er natürlich viel gearbeitet, da haben wir ihn wenig gesehen. Aber am Wochenende war er da. Ich erinnere mich an viele Ausflüge. Ich saß dann oft auf seinen Schultern. Was die Familie angeht, war mein Vater sehr zugewandt. Wir haben Fahrradtouren gemacht, waren oft bei Freunden. Aber er war auch streng. Es hat nicht lange gedauert, bis er auf den Tisch gehauen hat. Er war eine Autorität, aber eine liebevolle. Bei aufmüpfigem Benehmen gab es auch schnell mal eine Ohrfeige. Das wäre heute natürlich nicht vorstellbar, aber das waren andere Zeiten. Als sich die Zeiten änderten, hat sich auch mein Vater verändert.

Man hätte ihn später eher als antiautoritär eingeschätzt. Lieber kreativ als diszipliniert. Waldorfschule statt Leistungsgesellschaft.
▶ Das waren dann später für ihn wichtige Aspekte, aber Sie müssen da vorsichtig sein. Für ihn war das nur die eine Seite der Medaille. Kreativität musste aus seiner Sicht immer einhergehen mit einem hohen eigenen Antrieb, echter Leistungsbereitschaft, mit Professionalität. Wir waren mit meinem Vater oft in der Schweiz, wo wir eine Wohnung in einem Skiort hatten. Da wurde dann für den gesamten Zeitraum unseres Aufenthaltes ein Abo für die Skilifte gekauft. Das bedeutete dann aber auch, dass wir jeden Tag Ski gelaufen sind, egal, ob es Sonnenschein, Föhn, Regen, Nebel oder Schneegestöber gab. Wir haben die Skier und die ganze Ausrüstung jeden Tag bis zur

*»Meine Mutter hatte ein sehr sonniges Gemüt,
war unkompliziert, sehr positiv.«*

Christoph Werner (vorne)
1973 mit seiner Mutter und
älteren Schwester

»*Es war zu Hause eigentlich immer irgendwie fröhlich.*«

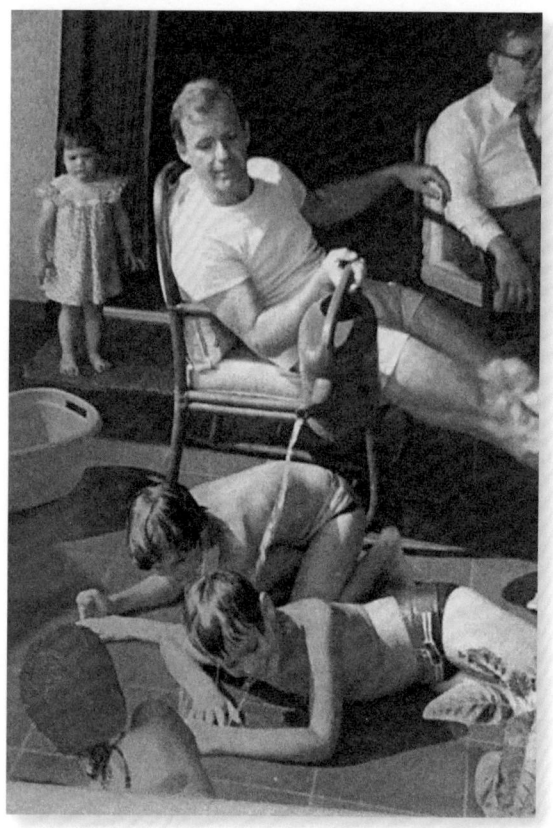

Unbeschwertes Familienleben auf der Terrasse
mit Vater Götz Werner, Sohn Christoph Werner und
seiner älteren Schwester

Talstation der Seilbahn hochgetragen. Für einen Teil des Weges hätten wir einen kleinen Skilift nehmen können. Der war aber vom Abo nicht abgedeckt und deshalb haben wir ihn nicht genommen. Das hat mich geprägt und ich bin da gar nicht böse drum. Es ist wichtig für Kinder, zu wissen, dass materielle Dinge nicht selbstverständlich sind.

Wie war sonst der Alltag in der Familie?
▶ Unser Familienleben war eigentlich sehr freudvoll. Meine Mutter hatte ein sehr sonniges Gemüt, war unkompliziert, sehr positiv. Sie hat damals unbeschwert alles mitgemacht, all die großen Veränderungen, die es im Laufe der Jahre in unserem Leben gab. Als mein Vater als angestellter Manager bei einer Drogerie aufgehört und dm gegründet hat, hatten wir zunächst mal wirklich nicht viel. Mein Vater war da voll ins Risiko gegangen. Dann aber kam der wirtschaftliche Erfolg, der zu einer Veränderung des Umfeldes geführt hat. Damit ist meine Mutter sehr souverän umgegangen. Die zwei haben das gut hingekriegt. Für meine Schwester und mich wirkte das immer sehr unkompliziert. Es war zu Hause eigentlich immer irgendwie fröhlich. Wir saßen oft noch lange nach dem Essen am Tisch, ich dann bei meinem Vater auf dem Schoß, meine Schwester bei meiner Mutter oder umgekehrt. Und dann haben wir Müllpresse gespielt.

Müllpresse?
▶ Ja, das war so ein gespieltes, ganz festes Umarmen mit dem Geräusch einer Müllpresse. Oder »Paket versenden«. Da wurden wir Kinder zusammengeklappt, verschnürt, frankiert, zur Post getragen und abgestempelt. Alles mit den entsprechenden Geräuschen und Gesten und natürlich nur gespielt. Daran hatten wir einen riesigen Spaß.

Ihre Mutter ist später schwer krank geworden und verstorben. Wie haben Sie das erlebt und durchlebt?

▶ Meine Mutter wurde manisch-depressiv. Sie erkrankte an einer bipolaren Störung. Für meinen Vater, der damals noch in den Aufbau des Unternehmens sehr stark eingebunden war, war es eine riesige Herausforderung, damit richtig umzugehen.

Und bestimmt nicht nur für Ihren Vater, sondern auch für Sie und Ihre Schwestern.

▶ Einmal als meine Mutter nicht mehr wusste, wie es weitergehen sollte, hat er kurz entschlossen alle Termine abgesagt und sie sind für zwei Monate in die Schweiz gefahren. Er kam in diesen Monaten nur zweimal nach Karlsruhe. Um meine Schwester und mich haben sich damals Freunde und die Familie unserer Haushälterin gekümmert. Wenn meine Mutter später dann immer mal wieder im Krankenhaus war, hat mein Vater uns einfach auf seine Reisen mitgenommen. Er hat sich wirklich, so gut er konnte, um uns gekümmert, hat sich ausgesprochen viel Zeit genommen. Er hat alles versucht, mit der Situation konstruktiv umzugehen, aber es sollte letztlich nicht glücken. Die Ehe ist an der Krankheit zerbrochen. Dass er später erneut eine Partnerin fand, was für ihn ein riesiges Glück. Die Ehe mit meiner Stiefmutter hat ihm geholfen, wieder zu seiner Stärke zu finden. Er hat sich dann ein neues Leben aufgebaut, hat noch vier Kinder bekommen, das war wirklich noch mal neues Glück.

»Die Ehe ist an der Krankheit meiner Mutter zerbrochen.«

Christoph Werners Eltern Barbara und Götz Werner

Umbrüche: Filialen an die Macht

Das Unternehmen hat sich nach dieser Zeit sehr verändert.
▶ Ja, meinem Vater wurde nicht zuletzt auch durch die Erfahrung des Scheiterns der Ehe mit meiner Mutter klar, dass sich nicht alles mit Logik, Druck oder Autorität lösen lässt. Das hat ihn sicherlich auch in seinen Überlegungen beeinflusst, Unternehmensführung anders zu denken. Es hat meinen Vater oft selbst verwundert, wie gut es funktioniert, wenn man den Menschen Gestaltungsmöglichkeiten gibt. Was bei dm dann ganz konkret hieß: Filialen an die Macht.

Klingt nach Revolte.
▶ Es war schon eine Revolution im Management. Statt eben, wie man es davor gemacht hatte, aus der Zentrale alles vorzugeben, hat er die dm-Märkte entscheiden lassen. Wie gut das lief, darüber war mein Vater selbst erstaunt. Deswegen hat er letztlich auch seiner Autobiografie den Titel gegeben: *Womit ich nie gerechnet habe.* Nicht auf das System zu setzen, nicht die Menschen für das System arbeiten zu lassen, sondern das System für die Menschen, das war nach dem Aufbau des Unternehmens die größte Veränderung bei dm.

Hätte sich Ihr Vater mit seinem Job als Prokurist einer damals recht großen Drogeriemarktkette zufriedengegeben, würde es dm heute nicht geben. Warum ging er damals eigentlich ins Risiko? Es ging ihm ja ganz gut als Prokurist.
▶ Der Grund für die Selbstständigkeit war letztlich, dass er in seinem Job als Prokurist ein Konzept für einen neuartigen Drogeriemarkt ent-

*»Es war die Sturm-und-Drang-Phase
des Discountkonzepts mit günstigen Preisen.«*

Eröffnung des ersten dm-Marktes in Österreich 1976

wickelt hatte. Es mussten damals viele Drogisten ihre Unternehmen verkaufen, weil das alte Konzept nicht mehr richtig funktionierte. Sie müssen sich eine damalige Drogerie vorstellen wie eine Apotheke. Mit einem Drogisten im weißen Kittel, der verkaufte und beriet. Keine Selbstbedienung, kein entspanntes Shopping. Bei meinem Vater begann dann das Nachdenken, wie es künftig besser funktionieren könnte. Die Drogeriekette, bei der mein Vater war, machte die Dinge nicht wirklich anders als andere Drogerien. Nur wuchs sie ständig, weil sie sämtliche Drogerien kaufte, die vor dem wirtschaftlichen Aus standen. So wurde sie immer größer, aber nicht erfolgreicher.

Es war die Zeit, in der auch die Lebensmittelgeschäfte eine enorme Veränderung erlebten. Der Discounter Aldi mischte die Branche auf.
▶ Es war die Sturm-und-Drang-Phase des Discountkonzepts mit günstigen Preisen. Da das sogenannte Gesetz der Preisbindung der

zweiten Hand auch für Drogerieartikel fallen sollte, hat mein Vater das Discountkonzept auf Drogerien übertragen: ein Drogeriemarkt mit besonders günstigen Preisen und Selbstbedienung. Dieses Konzept hat er den Gesellschaftern seines Arbeitgebers vorgestellt. Doch es wurde abgelehnt. Der Eigentümer der Drogeriekette hatte nicht erkannt, was daran zukunftsfähig sein sollte. Dann hat sich mein Vater ähnlich verhalten wie Jahre zuvor, nachdem sein Vater seine Ideen abgelehnt hatte: Er ging. Er wechselte dann erst noch zu einem anderen Unternehmen, hatte da aber schon die eigene Gründung im Hinterkopf. Er machte sich schlau, bereitete sich vor und legte dann mit dem eigenen Drogeriemarkt los. Mit dabei war auch ein Kollege aus dem vorherigen Unternehmen, Armin Föll.

Was hat Ihre Mutter dazu gesagt?
▶ Sie hat ihn immer unterstützt. Natürlich hat ansonsten sein Umfeld die Frage gestellt, ob das jetzt ein guter Zeitpunkt sei, sich mit dem neuen Konzept selbstständig zu machen, schließlich war gerade Hochzinsphase. Aber das familiäre Umfeld und Freunde und Bekannte haben ihm letztlich wirklich viel geholfen. Meine Großeltern mütterlicherseits haben ihm unter anderem Kredit gegeben, haben mit ihm und seinen Freunden und Bekannten den ersten Laden eingeräumt. Meine Tante hat in der Nacht vor der Eröffnung noch die Fenster geputzt. Das war eine kollektive Anstrengung seines gesamten Umfeldes damals. In der Autobiografie meines Vaters kommt dieser Aspekt m.E. etwas zu kurz.

Es ging dann sehr schnell bergauf mit dem jungen Unternehmen, ständig kamen neue Filialen hinzu. Es gab so etwas wie einen Wachstumsrausch, so erinnerte sich Ihr Vater später. Hat er von Anfang an groß gedacht?

▶ Ja, groß sollte es schon werden. Die erste Idee war ein Franchisesystem. Das war aber zu kompliziert. Also tat er sich mit Günther Lehmann, Eigentümer einer anderen Handelskette, zusammen. Gemeinsam mit diesem Mitgesellschafter baute er das Filialsystem auf.

Später kam dann noch ein alter Ruderfreund Ihres Vaters dazu …
▶ Ja, Günter Bauer, mit dem er im Konstanzer Ruderklub Neptun erfolgreich gewesen war. Günter Bauer hatte zuvor bei der Handelskette Hofer in Österreich Karriere gemacht und baute später das dm-Geschäft in Österreich und Osteuropa auf. Zunächst verstärkte er aber das Management in Deutschland. So ist das Unternehmen schnell gewachsen, wurde aber zugleich immer autoritärer. Um die Standards in allen Filialen durchzusetzen, setzte man eben auf Autorität aus der Zentrale. Diese unternehmensweit durchgesetzten Standards waren meinem Vater sehr wichtig. Einmal rastete mein Vater in einer Filiale aus, weil ein Filialleiter etwas deutlich anders gemacht hatte, als die Standards es vorgaben. Da war auch ein Unternehmensberater dabei, den mein Vater engagiert hatte und den er gut kannte. Dieser sagte nach dem Vorfall zu meinem Vater: »Wenn du so weitermachst, dann wirst du scheitern.« Das war ein Schlüsselmoment für meinen Vater. Er erkannte, dass er das Konzept nun anders ausrichten musste.

Warum? Standards vehement durchdrücken, das ist doch üblich in Unternehmen.
▶ Meinem Vater war klar, dass er kein Despot werden wollte und dass das auf Dauer als Managementmethode auch nicht funktionieren würde. Er wollte keine Organisation, die Menschenseelen zermalmt. Die Tatsache, dass er den Berater zu dem Filialbesuch mitgenommen hatte, zeigt, dass er da schon darüber nachdachte, ob das Konzept noch das richtige ist.

Christoph Werner mag auf den ersten Blick als der klassische Nachfolger in einem Familienunternehmen erscheinen: der älteste Sohn, der nach einem Wirtschaftsstudium den Vater beerbt, der also tut, was die Familie von ihm erwartet. Tatsächlich aber ließ der Vater ihn seine eigenen Wege gehen. Christoph Werner zog es als Manager hinaus in die Welt, nach Frankreich, in die USA. Er machte Karriere nicht im Handel, sondern bei Markenartikelherstellern.

Und doch war sein Interesse am Familienunternehmen immer groß. Schon als Kind fragte er seinen Vater über dm aus, jobbte als Jugendlicher in den Märkten, um sein Taschengeld aufzubessern. Der Vater förderte das Interesse, drängte den Sohn aber nicht. Motto: Ziehen statt schieben. 2011 siegte die Anziehungskraft – Christoph Werner stieg in die dm-Geschäftsführung ein.

ZWEITES KAPITEL

Der Mensch Christoph Werner

Auf der Waldorfschule

Wo sind sie aufgewachsen, Herr Werner?
▶ Ich bin in Karlsruhe geboren und aufgewachsen. Das lag daran, dass mein Vater bei einem Karlsruher Drogisten eine neue Anstellung fand, nachdem er sich mit seinem Vater in Heidelberg überworfen hatte. In Karlsruhe machte er sich dann mit der Gründung von dm selbstständig. Mit dem neuen Unternehmen nach Heidelberg zu gehen, wäre wahrscheinlich keine gute Idee gewesen.

Denn dort war noch Ihr Großvater, mit dem sich Ihr Vater überworfen hatte, mit seinen Drogerien aktiv.
▶ Ja, auch wenn diese Drogerien bereits in schwierigem Fahrwasser waren. So bin ich also hier zusammen mit meiner älteren Schwester in Karlsruhe aufgewachsen.

Wie war das Verhältnis zu Ihrer Schwester?
▶ Wir waren ein echtes Team. Sie ist nur eineinhalb Jahre älter als ich. Deshalb haben wir sehr viel zusammen gemacht.

Dann sind Sie in Karlsruhe zur Schule gegangen?
▶ Ja, ich habe auch hier mein Abitur gemacht. Zwischendrin war ich ein halbes Jahr in Kanada, um mein Englisch auf Vordermann zu bringen. Eigentlich eine ganz normale, klassische Schulzeit – außer vielleicht, dass ich ein halbes Jahr im Ausland verbracht habe und Waldorfschüler war. Die Waldorfschule in Karlsruhe war damals gerade erst gegründet worden und daher noch von der sehr engagierten Gründergeneration geprägt.

»Ich habe meinen Vater wirklich gelöchert
mit all meinen Fragen über dm.«

Christoph Werner mit Vater Götz
und Hund »Schnüffel« im Advent 1982

Ihr Vater war zu dem Zeitpunkt als Unternehmer schwer beschäftigt. Trotzdem hat er sich beim Aufbau der Schule sehr engagiert.
▶ Absolut. Mein Vater war dort im Aufsichtsrat, war als Mitgründer immer nah dran und hat die Schule durch seinen Einsatz unterstützt. Deswegen hat mein Vater über die Schule auch nie geschimpft. Es ist ja eigentlich nicht ungewöhnlich, dass man sich über die Schule oder über Lehrer mal ärgert, dass auch mal negativ beim Abendbrot über die Schule gesprochen wird.

Dabei hätte es bestimmt auch Grund für Kritik gegeben, oder nicht?
▶ Natürlich. Im Rückblick sehe ich, dass ich nicht nur gute Lehrer hatte.

Aber woher nahm Ihr Vater die Zeit, in den Elterngremien mitzuarbeiten?
▶ Er hat sich die Zeit einfach genommen. Er hat auch wirklich am Schulleben teilgenommen, hat sich zum Bespiel nicht nur unsere Aufführungen in der Schule angesehen, sondern auch die von anderen Klassen. Er hat zu mir später einmal gesagt, dass das eine sehr wertvolle Zeit für ihn gewesen sei, weil er dort mit Menschen zusammenkam, denen er ansonsten nie begegnet wäre. Menschen in Waldorfschulen waren damals oft alternativ eingestellt, eher politisch links, nicht selten auch systemkritisch.

Als Unternehmer dürfte Ihr Vater in der Waldorfschule ein ziemlich bunter Hund gewesen sein.
▶ Klar. Trotzdem war es für meinen Vater sehr wertvoll, mit den Menschen dort in Kontakt zu kommen, denn sie haben ihn immer wieder dazu gebracht, seine Position als Unternehmer zu reflektieren. Und es ist nicht so, dass man ihm dort nicht zuhören wollte, dass er sich nicht einbringen konnte. Er hat dort zum Beispiel für Eltern und Lehrer Kurse über wirtschaftliche Fragen gegeben. Schon Rudolf Steiner, der Begründer der Anthroposophie, hat zu ökonomischen Fragestellungen Vorträge gehalten, die später als gedruckte Version erschienen sind. Diese Vorträge waren für meinen Vater nicht unwichtig, denn er war ja eher ein Praktiker. Er hatte kein betriebswirtschaftliches oder volkswirtschaftliches Studium, sondern eine kaufmännische Ausbildung. Auf dieser Grundlage konnte er sich auf einer Metaebene

*»Erziehung zur Freiheit,
das war für meinen Vater maßgeblich.«*

Abschlussfeier von Christoph Werner nach seinem Masterabschluss 2007
an der Katz Graduate School of Business in Pittsburgh mit Vater Götz,
seiner jüngeren Schwester und seinem Sohn

mit interessanten Menschen über die Wirkprinzipien der Wirtschaft austauschen. Dass er sich später für das bedingungslose Grundeinkommen eingesetzt hat, rührte auch aus den Einsichten, die er sich erarbeitet hatte.

Was bei all seinem anthroposophischen Engagement gern übersehen wird, ist, dass Ihr Vater eben auch ein knallharter Unternehmer war. Wenn er sah, dass die Schule betriebswirtschaftliche Fehler machte, wurde er als Mitgründer bestimmt ungemütlich.

▶ Ja, durchaus. Er hat da den Konflikt nicht gescheut. In solchen Gruppierungen geht man gelegentlich zu unkonkret vor, bringt die Anliegen und Ansichten nicht wirklich auf den Punkt. Er dagegen hat die Dinge sehr klar benannt und hat dann durchaus auch manchmal Menschen düpiert. Allerdings hatte er die Glaubwürdigkeit eines erfolgreichen Unternehmers, was ihm die Möglichkeit gab, Dinge anzusprechen, die andere vielleicht nicht ansprechen konnten.

Ist dieses Zuviel an Achtsamkeit nicht ein Problem der Waldorfschulen? Immer nur nett sein ist auch nicht zielführend.

▶ »Achtsamkeit« bedeutet nach meinem Verständnis, die Aufmerksamkeit urteilsfrei und damit ohne persönliche Bewertung auf den Moment zu lenken. Das halte ich grundsätzlich für sinnvoll. Falls Ihre Frage auf die pädagogische Wirksamkeit von Waldorfschulen abzielen sollte: Ich glaube, das wird häufig missverstanden. Auch an Waldorfschulen geht es um echten Fortschritt in der Entwicklung des Schülers. Die Frage ist aber, in welcher Lebensphase was wie pädagogisch gefördert werden sollte. Ist es sinnvoll, sofort das Alphabet und die Rechtschreibung zum obersten Lernziel zu erheben und mit Leistungskontrollen die Defizite offenzulegen, die das subjektive Gefühl der Unzulänglichkeit befördern? Der pädagogische Ansatz der Waldorfschulen zielt darauf, stärker auf die individuelle Alters- und Entwicklungssituation der einzelnen Schüler zu schauen und zu fragen, wie der Schüler pädagogisch unterstützt werden kann. Konsequente Leistungskontrollen haben durchaus ihren Platz. Wichtig ist, zu wissen, wann und wo. Mit

Achtsamkeit verhält es sich ähnlich. Es kommt immer auf den Zusammenhang an.

Was heißt das auf dm übertragen? Wann darf ein Mitarbeiter von Ihnen achtsame Milde erwarten?

▶ Ich gebe Ihnen ein Beispiel: Wenn wir einen neuen dm-Markt eröffnen, dann müssen wir uns sehr genau fragen, wie, wann und woran wir Erfolg messen. Ist es richtig, bereits in den ersten Monaten nur bestimmte Umsätze und Betriebsergebnisse zu verlangen oder sollten wir dem Markt am Anfang Zeit geben, Dinge auszuprobieren, auszuloten? Solange der Fortbestand des Unternehmens nicht auf dem Spiel steht, kann in vertretbarem Umfang Zeit gegeben werden, um den situativ besten Weg zum Erfolg zu finden. Jeder Standort ist anders, jeder Markt muss sich an die Bedingungen individuell anpassen. Würden wir zu früh und kompromisslos nur eine Leistungskennziffer einfordern, würde der dm-Markt vielleicht schon wieder schließen, bevor er seine konkrete Erfolgsformel dann tatsächlich gefunden hat. Ein weiteres Beispiel: Als wir Mitte der 80er-Jahre Bioprodukte bei dm eingeführt haben, haben wir gelernt, wie wichtig es ist, Dinge auszuprobieren und sich schrittweise anzupassen. Am Anfang war unsere Bioware nicht sonderlich erfolgreich. Die Lebensmittel sind relativ schnell verdorben, weil die Möglichkeiten der Haltbarmachung damals noch nicht so gut waren. Es musste sehr viel unverkaufte Ware weggeworfen werden. Wir haben aber weitergemacht mit Bioprodukten, waren überzeugt, dass sie wichtig sein werden, und haben dann schrittweise die Probleme gelöst. Wir haben der Sache Zeit gegeben und das hat sich im Nachhinein als goldrichtig herausgestellt. Das ist ein Aspekt, der in der Wirtschaft oft vernachlässigt wird. Es wird auf kurzfristige finanzielle Kennzahlen gesetzt, und wenn sie nicht stimmen, wird schnell und hart reagiert.

Und dann aber wundert man sich, wenn Unternehmen nicht innovativ und anpassungsfähig sind.

War die Waldorfschule auch für Sie eine gute Schule für das Unternehmerdasein?

▶ Ja, das würde ich sagen. Was ich herausragend fand, war das klare pädagogische Konzept.

Was meinen Sie damit?

▶ Ich meine vor allem die Erkenntnistheorie, auf der aufgebaut wird. Es wird in der Waldorfschule in der Regel in Blöcken unterrichtet, das heißt, Sie haben zwei oder drei Wochen lang jeden Morgen eine Doppelstunde in einem bestimmten Fach. So können Sie sich über einen Zeitraum sehr intensiv mit einem Thema befassen und es vertiefen. Nehmen wir mal als Beispiel den Physikunterricht. Am Ende der morgendlichen Doppelstunde führte der Klassenlehrer ein physikalisches Experiment vor. Unsere Aufgabe als Schüler war es, uns während des Experiments sehr genaue Notizen zu unseren Beobachtungen zu machen. Die Hausaufgabe war dann eine präzise schriftliche Versuchsbeschreibung. Am nächsten Morgen haben alle ihre Beobachtungen eingebracht. Da lernten die Schüler dann, wie wichtig es ist, genau hinzuschauen – und auch die Beobachtungen der anderen Schüler einzubeziehen. Denn oftmals haben diese Details gesehen, die einem selbst entgangen waren. Danach versuchten die Schüler aus der Beobachtung gemeinsam mit dem Klassenlehrer abzuleiten, was im Experiment konkret geschehen sein könnte. So kamen sie langsam vom Phänomen zum dahinterliegenden Prinzip. Und erst dann erklärte der Lehrer, welches Naturgesetz der Versuch belegt hat und mit welchen Formeln sich das abstrakt beschreiben lässt. Dieses genaue Hinschauen und das Berücksichtigen der unterschiedlichen Beobachtungen verschiedener Menschen, das ist etwas, was heute im Unternehmen für mich sehr wichtig ist. Ich gehe in meiner Aufgabe nicht einfach hin und verordne etwas, sondern ich beobachte möglichst exakt und beziehe möglichst viele unterschiedliche Sichtweisen mit ein. Dann entstehen in der Regel eine Erkenntnis und eine konkrete Idee, was wie zu tun ist.

Wenn Sie zurückblicken – was ist sonst noch so geblieben von der Schulzeit?

▶ Als junger Mensch ist man oft ein bisschen radikal, denkt in Schwarz und Weiß. Im Physikunterricht hatten wir irgendwann in der Oberstufe das Thema Licht. Der Lehrer hat gesagt, es gebe diesen Welle-Teilchen-Dualismus. Das bedeutet, dass sich das Licht sowohl als Welle als auch als Teilchen beschreiben lässt. Dagegen habe ich rebelliert. Es kann ja wohl nicht sein, dass etwas zugleich Welle und Teilchen ist, habe ich mir gedacht! Entweder oder! Der Lehrer schrieb dann in mein Zeugnis, dass ich zwar sehr engagiert sei, dass ich aber noch lernen müsse, andere Realitäten zuzulassen als die, die ich schon kenne. Das empfand ich damals als eine echte Frechheit. Aber er hatte natürlich recht. Es gibt oft keine einfachen Antworten, sondern einen ganzen Raum von Möglichkeiten. Und je nach Perspektive können die Dinge ganz anders erscheinen. Darauf muss ich mich einlassen. Wenn ich das tue, komme ich möglicherweise zu ganz anderen, viel besseren Erkenntnissen. Für diese Einsicht bin ich meinem Physiklehrer Johannes Schindler heute noch dankbar.

Zwischen dm-Regalen

Würden Sie sagen, Sie sind zwischen dm-Regalen aufgewachsen? Oder wäre das ein bisschen übertrieben?
▶ Ich hatte mit meinem Vater immer einen sehr, sehr engen Austausch über das Unternehmen. Ich ging mit ihm gern in die Sauna, die wir bei uns im Haus hatten, anders als meine Geschwister, die daran kein Interesse hatten. Da hatten wir viel gemeinsame Zeit, konnten reden. Und ich habe ihn wirklich immer gelöchert mit all meinen Fragen. Ich habe mit ihm nicht nur über das Unternehmen gesprochen, die Schule oder später meinen Beruf, sondern auch über andere Themen, gesellschaftliche Fragen. Ich habe sehr früh angefangen, Zeitung zu lesen. Wir hatten zwei Zeitungen zu Hause, die *Frankfurter Allgemeine Zeitung* und die *Badischen Neuesten Nachrichten*. Als Kind habe ich sehr gern die *Badischen Neuesten Nachrichten* gelesen, vor allem die Seite »Vermischtes«. Mein Vater sagte immer: »Die Seite musst du gerade halten, sonst läuft das Blut heraus.« Diese spannende Seite mit Sensation, Mord und Totschlag war mein Einstieg in das Zeitunglesen. Später war es dann eher der politische Teil der *FAZ*, der mich interessiert hat.

Und der Wirtschaftsteil?
▶ Der hat mich ehrlich gesagt damals nicht so interessiert. Ich hatte einen Jugendfreund, der politisch sehr interessiert war. Auch das Elternhaus war sehr politisch. Dieser Haushalt war sehr grün, sehr in der Friedensbewegung aktiv. Ich hatte mit dem Freund immer intensive Diskussionen. Diese Diskussionen habe ich dann auch

*»Ich hatte wirklich viel Freiheit und Unabhängigkeit.
Gerade auch, als ich in den USA bei GlaxoSmithKline war.«*

Christoph Werner 2006 vor der Golden Gate Bridge
in San Francisco

mit meinem Vater fortgeführt, aber vor allem in der Form, dass ich ihn viel gefragt habe. Als ich noch in der Unter- und Mittelstufe war und nachmittags noch nicht so viel Unterricht hatte, hat mich mein Vater oft mitgenommen ins Unternehmen. Ich saß dann natürlich nicht bei ihm im Büro, aber ich war in der Poststelle, habe frankiert, bin durch das Unternehmen gegangen und habe Papier eingesammelt, das in den Reißwolf musste. Ich habe mich einfach bei Leuten hingesetzt und mich mit ihnen unterhalten, habe mit der Sekretärin gesprochen.

Also doch irgendwie zwischen dm-Regalen aufgewachsen.
▶ Das Unternehmen war tatsächlich sehr präsent, aber es ist jetzt nicht so, dass ich von frühester Kindheit an dm-Unterlagen studiert hätte. Aber später hat mein Vater mir Unterlagen gegeben, die in den Verteiler der Geschäftsleitung gingen. So konnte ich einen Einblick in die wichtigen Überlegungen bekommen. Da hat er mich ganz unaufgeregt mit einbezogen, aber ohne mir gegenüber Erwartungen zu formulieren. Von sich aus fragte er mich in der Regel nicht nach meiner Meinung. Als ich später mein duales Studium bei Tegut gemacht habe, stellte er mir viele Fragen. Er wollte wissen, was ich da erlebt und gelernt habe. Auch als ich bei L'Oréal war, wollte er oft wissen, was es dort Neues gibt. Das war aber kein Verhör, um Geschäftsinterna zu erhalten. Es war echtes Interesse an der Art, wie dort gedacht und entschieden wird. Als ich ihm mal bei einem Saunagang mit einer gewissen Empörung geschildert habe, dass L'Oréal dem eigenen Anspruch oft nicht gerecht werde, wurde er erst schweigsam und sagte dann zu mir: »Christoph, das, was du da sagst, ist ja alles richtig. Aber versuch doch mal, herauszufinden, warum L'Oréal so erfolgreich ist. Da muss mehr sein als das, was du jetzt erzählst.« Das hat bei mir echt eingeschlagen. Ich habe mir gedacht: Recht hat er. Es geht doch nicht darum, zu verstehen, was falsch läuft, sondern dahinterzukommen, warum etwas erfolgreich ist. Das hat einen echten Perspektivenwechsel ausgelöst bei mir, für den ich meinem Vater sehr dankbar bin. Wenn ich das Erfolgsgeheimnis verstehen will, muss ich tiefer bohren, als wenn ich nur die Schwächen sehen will.

Auf dem Weg in die Nachfolge

Sie haben sechs Geschwister, die sich theoretisch auch bei dm engagieren könnten. Haben Sie sich durch die Saunagänge mit dem Vater in die Pole-Position für die Nachfolge gebracht?
▶ Im Rückblick ist mein Eindruck, dass ich mich am meisten für politische, wirtschaftliche und Managementfragen interessiert habe. Mein Vater ist kein Unternehmer gewesen, der regelmäßig zu Hause über die Firma im Detail berichtet hat. Wenn man ihm Fragen gestellt hat, konnte man sehr viel erfahren über das Unternehmen. Wenn man keine gestellt hat, hat er auch nichts gesagt. Weil ich jemand war, der viele Fragen gestellt hat, habe ich viel erfahren und habe dann auch Feuer gefangen. Eine Strategie war es aber nicht. Das war einfach Interesse und dann der Auslöser dafür, dass ich mich für ein Betriebswirtschaftsstudium entschieden habe und nicht die Laufbahn als Bundeswehrpilot eingeschlagen habe, die mich als Kind fasziniert hat.

Und dann war da noch der pazifistische Schulfreund, der sicherlich auch nicht viel von einer Kampfpiloten-Ausbildung hielt.
▶ *(Lacht.)* Das könnte man denken. Meine Herangehensweise war jedoch immer, mich für etwas zu entscheiden. Für Betriebswirtschaft war mein Interesse dann eben am größten. Ich habe dann mein duales Studium bei Tegut gemacht, bin danach als Praktikant bei L'Oréal gestartet, wo ich später im Vertrieb und Marketing war. Danach ging es weiter zu GlaxoSmithKline in die Konsumgütersparte. Als der mitbestimmte Aufsichtsrat bei dm eingeführt wurde, hat mich mein Vater gefragt, ob ich ein Aufsichtsratsmandat für die Gesell-

»Ich glaube nicht, dass mein Vater einen konkreten Plan für mich als Nachfolger hatte.«

Christoph Werner mit Vater Götz vor der Villa »Falling Water« von Frank Lloyd Wright bei Pittsburgh

schafterseite Werner wahrnehmen möchte. Das kam für mich relativ überraschend. Mein Vater hat mir daraufhin das Buch zur Corporate Governance von Fredmund Malik zugeschickt und meinte, dass dies eine gute Vorbereitung sein könnte. Und so bin ich in den Aufsichtsrat gekommen und war näher dran am Unternehmen, obwohl ich eigentlich in den USA tätig war.

Hat Sie Ihr Vater ganz geschickt und strategisch an das Unternehmen herangeführt, oder hat er einfach abgewartet, was passieren würde?
▶ Ganz ehrlich, es fällt mir schwer, ihn hier zu interpretieren. Mein Vater hatte bei diesem Thema eigene Erlebnisse. Für ihn und seinen Vater war immer klar, dass er einmal die Drogerie Werner mit 28 Filialen übernehmen würde. Doch kaum war er nach seiner Ausbildung ins elterliche Unternehmen gekommen, schepperte es zwischen meinem Vater und meinem Großvater. Es war damit klar, dass es mit der Nachfolge nichts werden würde. Diese Erfahrung, dass alles auf die Nachfolge ausgerichtet war, und auch der Druck, der damit verbunden war, haben ihn sicherlich nachdenklich gemacht. Er sagte oft, dass er es besser machen wollte.

Und welchen Einfluss hatte die Waldorfpädagogik?
▶ Der Grundsatz »Erziehung zur Freiheit«, der darauf baut, dass Kinder unter den richtigen Rahmenbedingungen ihren eigenen Lebensweg finden können, war für ihn sicherlich maßgeblich. Ich glaube deshalb nicht, dass er hier einen konkreten Plan für mich als Nachfolger hatte. Aber er hat natürlich beobachtet, wie ich mich entwickelt habe. Als es dann die Chance gab, das Aufsichtsratsmandat zu vergeben, hat er mir das sicher gerne angeboten. Mein Vater folgte auch einem weiteren Prinzip, von welchem er in späteren

Jahren oft sprach: Keinen Druck aufbauen, sondern Sog erzeugen. Das gilt für viele Lebensbereiche und auch für viele Fragen im Unternehmen. Es dürfte auch das Prinzip gewesen sein, dem er in meinem Fall gefolgt ist.

Gab es denn mit Ihren Geschwistern überhaupt keinen Streit um die Nachfolge?
▶ Nein, das war nie eine Diskussion. Meine Geschwister haben einfach ihre eigenen Wege eingeschlagen. Es spielt auch eine Rolle, dass es einen großen Altersunterschied zwischen meinen jüngeren Geschwistern und mir gibt. Mein jüngster Bruder ist 23 Jahre jünger als ich. Deswegen waren wir in unserer Entwicklung auch nicht so im Gleichschritt.

Ihr Vater wollte nicht von Ihnen zu einem bestimmten Zeitpunkt hören, dass Sie die Nachfolge anstreben, damit er entsprechend planen kann?
▶ Nein, mein Vater war eher so etwas wie mein Coach. Als ich bei L'Oréal war, gab es natürlich auch mal Situationen, in denen ich mich schlecht behandelt fühlte. Einmal hat mich zum Beispiel der Geschäftsführer in einem Beurteilungsgespräch hart kritisiert. Ich empfand die Kritik als nicht gerechtfertigt, wehrte mich im Gespräch und habe mich dann bei meinem Vater über die Vorgehensweise beklagt, als wir mal wieder miteinander telefonierten. Er hat sich alles angehört und hat mir den Rücken gestärkt. Er hat gesagt: »Christoph, lass dich nicht unterkriegen. Du warst jetzt auch schon lang genug bei L'Oréal. Jetzt ist es vielleicht mal an der Zeit, dass du woanders hingehst, vielleicht nach Amerika. Vielleicht rufst du mal den Manfred Scheske an.« Er war damals bei GlaxoSmithKline in der Konsumgütersparte für das Nordamerikageschäft verantwortlich.

*»Ich habe bei GlaxoSmithKline fast rund
um die Uhr gearbeitet.«*

Schreibtisch von Christoph Werner im Großraumbüro
von GlaxoSmithKline in Pittsburgh

Mein Vater und er kannten sich gut. Ich habe ihn noch am gleichen Abend in den USA angerufen. Ich habe mich dort dann beworben und bin gewechselt.

Von Paris in die USA. Ein Kulturschock?

▶ Ich habe mich in Paris super wohlgefühlt. Nun ging es in die alte Industriestadt Pittsburgh. Ich habe damals gesagt: Die einzige Gemeinsamkeit der beiden Städte ist der Anfangsbuchstabe. Aber es war genau der richtige Schritt. Durch die berufliche Veränderung konnte ich auf das, was ich bei L'Oréal gelernt hatte, mit anderen Augen schauen. Man sieht: Es gibt viele Wege, die nach Rom führen. Der L'Oréal-Weg ist einer, auch ein sehr erfolgreicher, aber eben nicht der einzige. Mit diesem Schritt ist auch mein berufliches Interesse am General Management erwacht. Ich war zuvor im Vertrieb und dann im Marketing und ich habe das Marketing wirklich geliebt. Bei GlaxoSmithKline ging es mehr um die Gesamtstrategie. Gleichzeitig hatte ich dann auch das Aufsichtsratsmandat bei dm. So kam dann plötzlich das Interesse für die größeren, strategischen Fragestellungen.

Mit Kritik umgehen

Sie sagten, Sie wurden zu hart kritisiert von dem L'Oréal-Geschäftsführer. Wie haben Sie reagiert?

▶ Im Termin habe ich kräftig dagegengehalten. Danach sagte mein direkter Vorgesetzter, der in dem Gespräch dabei war, dass die Kritik nicht gerechtfertigt gewesen wäre und ich mich gut geschlagen hätte. Da bin ich mit ihm ziemlich hart ins Gericht gegangen. Ich habe ihn gefragt: »Wo warst du denn, als ich deine Unterstützung gebraucht hätte?« Er hatte sich rausgehalten und das hat mich unglaublich aufgeregt. Ich war der Meinung, dass er sich hinter seine Leute stellen müsste. Rückblickend weiß ich natürlich auch, dass man in einer so großen Firma manchmal auch vorsichtig taktieren muss, wenn man auf Dauer dortbleiben möchte.

Das klingt wirklich selbstbewusst, wie Sie auf die Kritik reagiert haben.

▶ Ich glaube, ich war ein relativ unabhängiger Mensch. Ich hatte immer das Grundvertrauen, dass ich auch woanders hingehen kann. Und es war klar, dass ich nicht wirtschaftlich ruiniert sein würde, wenn mal was nicht klappt. Das hat mich wahrscheinlich unerschrockener gemacht als manch anderen.

Denn wenn es brannte, konnten Sie den Papa anrufen.

▶ Ich war kein Kind mehr, sondern schon Ende 20, Anfang 30. Da will man die Dinge auch ohne Papa lösen können. Aber ich habe mir gesagt: Ich bin vor allem hier, um Erfahrungen zu sammeln, um das mal gründlich kennenzulernen, und dann sehen wir weiter. Mein Vater hat eigentlich immer gesagt: »Jetzt gehst du mal in die Industrie, schaust mal, wie es da läuft, und vielleicht denkst du am Ende auch, dass dm so ein kleiner Laden ist, dass du da gar nicht sein möchtest.« Aber ich wusste jedenfalls, dass es Alternativen gibt, und auch deshalb war ich entspannter und sicherer. Das war ein großes Glück, denn dadurch bin ich Konfrontationen nie aus dem Weg gegangen.

Wie darf man sich das praktisch vorstellen?
▶ Ich hatte mal einen Chef, mit dem bin ich über Kreuz geraten bei einer fachlichen Frage. Er hat mich in sein Büro gerufen und mich rundgemacht. Nach dem Motto: Wenn Sie das noch mal machen, fliegen Sie hier raus. Da habe ich zu ihm gesagt: »Also hören Sie mal, ich muss hier nicht arbeiten. Wenn Sie der Meinung sind, dass ich hier keinen ausreichenden Beitrag leiste, dann bin ich morgen hier raus. Aber ich werde natürlich die Art und Weise, wie Sie mich behandelt haben, in der Personalabteilung im Austrittsgespräch ansprechen.« Da habe ich eine sehr wertvolle Erfahrung gemacht. Dass nämlich mein Chef daraufhin zu mir sagte: »Mensch, Christoph, so habe ich das nicht gemeint. Natürlich möchte ich nicht, dass Sie gehen. Die Situation ist mir jetzt gerade aus dem Ruder gelaufen. Ich bin gerade mit meiner Familie umgezogen, ich habe einen riesigen Stress zu Hause und stehe so wahnsinnig unter Druck.«

Wie haben Sie reagiert?
▶ Das hat mich sehr berührt und wir haben sofort wieder zueinandergefunden. Aus dieser Begebenheit habe ich die Erkenntnis gewonnen, erst mal in Ruhe nachzufragen und Dinge nicht gleich so frontal anzugehen. Menschen haben es nicht immer leicht und sind nicht perfekt. Aber: Die Bereitschaft, in die Konfrontation zu gehen,

hat es mir ermöglicht, ein besseres Feedback zu bekommen. Hinter die Kulissen zu schauen, wenn Sie so wollen. Das wäre mir nicht geglückt, wenn ich die Konfrontation nicht gesucht hätte. Daran bin ich sehr gewachsen.

Schön, wenn man so frei ist.
▶ Ich hatte wirklich viel Freiheit und Unabhängigkeit. Gerade auch, als ich in den USA bei GlaxoSmithKline war. Ich war recht früh Vater geworden, meine Frau und ich haben in Paris zusammengelebt, aber es hat nicht funktioniert. Erst wesentlich später kamen wir wieder zusammen. Ich bin also alleinstehend in die USA gegangen, hatte plötzlich wieder eine große Freiheit, sehr viel Zeit, um mich im Unternehmen zu engagieren. Ich habe da fast rund um die Uhr gearbeitet und große Mengen an Büchern gelesen. Weil ich am Wochenende nicht so viel zu tun hatte und zunächst wenig Menschen kannte, bin ich oft in den Buchladen Barnes & Noble gegangen und habe in der Wirtschaftsabteilung nachgesehen, was es Neues gibt. Was gut war, habe ich gekauft und direkt zu Hause zu Ende gelesen. Das hat mir in Managementfragen sehr geholfen.

Kindheit in einem Multimillionärshaushalt

Merkt man an Ihnen, dass es in der Karriere einen Unterschied macht, welchen elterlichen Hintergrund man hat?
▶ Sicherlich macht es einen Unterschied, welche Interessen und Umgangsformen in der Familie gepflegt werden, in der man aufwächst. Wer Unternehmer als Eltern hat, erlebt täglich Risikobereitschaft und hat eher die Gewissheit, dass sich immer ein Weg findet, auch wenn es mal Umwege gibt. Der Rat meines Vaters und die wirtschaftliche Sicherheit waren meine Rahmenbedingungen.

Sie haben gesagt, Ihr Großvater war schon wer mit seinen über 20 Drogeriefilialen. Auch Ihr Vater war eine Größe in Karlsruhe. Hat Ihnen das als Kind Selbstbewusstsein gegeben?
▶ Es war nichts Besonderes für mich. Wir sind in unser neues Haus in Karlsruhe gezogen, als ich vier Jahre alt war. Das war ein sehr großes Haus, inklusive Hallenbad. Das war für mich normal. Ich bin aber auch viel und sehr gern bei Freunden gewesen, die in beengteren Verhältnissen gewohnt haben. Da habe ich mich super wohlgefühlt. Als Kind habe ich meinen Vater in seiner Vaterrolle erlebt; dm spielte als Unternehmen für mich keine Rolle.

Wussten Sie, dass Sie in einem Multimillionärshaushalt aufwachsen?
▶ Es war eigentlich kein Thema für mich. Ich bin in meiner Kindheit oft einkaufen gegangen mit meiner Mutter, häufig auch in dem ersten dm-Markt, den es gab. Der Filialleiter war bis zu seiner Pensionierung

Armin Föll, der den dm-Markt zusammen mit meinem Vater eingerichtet hatte. Bei so einem Einkauf habe ich dann mal meine Mutter gefragt: »Wie viel bleibt denn für uns übrig von den ganzen Waren, die wir hier verkaufen?« Sie hat zu mir gesagt: »Christoph, du darfst nicht vergessen, mit welchen Kosten das hier alles verbunden ist. Die Waren müssen gekauft werden, die Mitarbeiter bezahlt, die Mieten, die Reinigung der Läden. Da bleibt am Ende nicht viel übrig.« Das war mein frühes Bild von dm. Wir haben als Kinder nicht besonders viel Taschengeld bekommen. Es gab viele einfache Dinge, die für uns etwas Besonderes waren. Zum Beispiel Eis am Stiel. Das gab es nicht permanent, sondern nur hin und wieder – und das war dann ein ganz großes Fest. Meine Mutter hat auch immer sehr darauf geachtet, dass wir uns bescheiden verhalten haben. Wurden wir zu frech und zu fordernd, dann kam immer der Spruch: »Der dumme, kleine Dick-Zuviel ist immer unbescheiden, er übertreibt und übertreibt, und das kann niemand leiden.«

Haben Sie als Kind nicht gesagt: »Das mit dm ist cool, ich werde später reich sein«?
▶ Nein, das waren keine Fragestellungen, die mich beschäftigt haben. Das hat wohl auch damit zu tun, dass meine Mutter psychisch schwer erkrankte, als ich noch ein Kind war, und dadurch vieles überschattet wurde. Das behütete, sorgenlose Elternhaus war plötzlich nicht mehr da, die Unbekümmertheit der Kindheit war relativ schnell vorbei. Ich habe erlebt, dass so eine Krankheit mit keinem Geldbetrag der Welt besiegt werden konnte. Zu erleben, dass man mit Geld nicht alles regeln kann, was man zum Lebensglück braucht, relativiert die Frage von Reichtum ungemein. Wir hätten alles für die Gesundheit unserer Mutter gegeben. Jeden Abend schlossen mein Vater, meine Schwester und ich sie in unser Nachtgebet vor dem Schlafengehen ein.

Wurde von Ihnen eigentlich erwartet, dass Sie in den dm-Märkten mit anpacken?
▶ Es war nicht so, dass ich dazu verdonnert wurde. Ich habe sowieso oft bei dm gearbeitet, einfach weil ich mir Geld hinzuverdienen wollte.

Hat das Taschengeld denn nicht gereicht?
Nicht für größere Sachen. Einmal wollte ich mir einen tragbaren Kassettenspieler, einen Walkman, leisten. Diese Dinger waren richtig teuer. Also habe im dm-Markt gejobbt. Die Arbeit im Markt kenne ich also ganz gut. Aber auch später, während meines dualen Studiums bei der Supermarktkette Tegut, habe ich viel in Märkten gearbeitet. Am Anfang habe ich in der Obst- und Gemüseabteilung gearbeitet, habe jeden Morgen Bananenkisten geschleppt und ins Regal geräumt. Ich werde nie vergessen, wie es riecht, wenn man diese Kisten öffnet.

Step by step – die beruflichen Stationen

Ihre erste berufliche Station war Tegut. Gingen Sie dort hin, weil der Chef ein Freund der Familie war?
▶ Sicherlich kannten wir uns, auch privat, aber wichtiger war, dass Tegut damals ein duales Studium angeboten hat, mit einem Praxisteil im Unternehmen und einem betriebswirtschaftlichen Studium. Das hat mich überzeugt, denn ich wollte nicht nur studieren. Mein Vater sagte zu mir: »Mensch, überleg doch mal, Berufsakademie mit Betriebswirtschaft Fachrichtung Handel, das könnte doch für dich interessant sein.« Es war klar, dass ich die Praxis nicht bei dm machen würde, sondern in einem anderen Unternehmen. Mein Vater hat vorgeschlagen, dass ich mir drei verschiedene Handelsunternehmen anschaue und mich dann bei einem bewerbe. Alle drei Unternehmen waren gut, aber ich empfand Tegut als das spannendste Unternehmen.

Und dann kam direkt im Anschluss L'Oréal?
▶ Nein, ich war erst mal bei der Bundeswehr. Damals gab es ja noch die Wehrpflicht. Ich hatte mich frühzeitig darum gekümmert, bei der Bundeswehr etwas Interessantes machen zu können.

Zivildienst wäre keine Option gewesen?
▶ Auch wenn alle meine Klassenkammeraden Zivildienst gemacht haben, war für mich klar, zur Bundeswehr zu gehen. Ich fand das Konzept vom »Bürger in Uniform« richtig. Ich habe mich früh beim

Kreiswehrersatzamt gemeldet, um mit dem Offizier über die Möglichkeiten zu sprechen. Er hat mir dann erst mal klargemacht, dass es nicht am Wehrpflichtigen sei, sich auszusuchen, wo er hingeht. Ich habe ihm dann gesagt, dass ich schon mein betriebswirtschaftliches Studium mit Fachrichtung Handel in der Tasche habe und dass man doch vielleicht etwas suchen könnte, wo ich meine Qualifikationen einsetzen kann. Er sagte: Sie interessieren sich für Handel und Logistik, also werden Sie Kraftfahrer. Also habe ich bei der Bundeswehr meinen Lastwagenführerschein gemacht und bin dann in die Fahrbereitschaft gegangen. Und schließlich bin ich, wie ursprünglich erhofft, zum Eurocorps nach Straßburg gekommen.

War es dort wie erhofft?
▶ Na ja, streckenweise war nicht viel zu tun. Ich habe mich dann aber mit dem Stabsarzt angefreundet und habe dann auch in der Sanitätsstube gearbeitet. Da war immer was los. Und ich war zumindest in Frankreich. Ich habe dort auch noch Sprachunterricht genommen und mich dann bei L'Oréal beworben.

Warum eigentlich L'Oréal?
▶ Das kam durch mehrere Zufälle. Mein Vater war zu jener Zeit einmal in Düsseldorf in einem Hotel und gegenüber war die L'Oréal-Zentrale. Und wie mein Vater so war, hat er da einfach angerufen und gesagt: »Ich bin gerade hier, hat nicht der Geschäftsführer zufällig Zeit?« Die beiden haben sich dann getroffen, und dann hat der Herr von L'Oréal gefragt: »Was macht denn Ihr Sohn derzeit?« Er bot an, dass ich ein Praktikum bei L'Oréal in Paris machen könne. Ich habe mich also beworben und mir wurde ein längeres Praktikum im Vertrieb angeboten. Als ich am ersten Tag antrat, sagten sie mir, ich könne nach Marseille gehen und von dort aus in Südfrankreich im

»*Unser Sohn sprach sehr gut Englisch, weil meine Frau aus Südafrika stammt.*«

Christoph Werner 2007 mit seinem Sohn
im amerikanischen Nationalpark Canyonlands

Vertrieb arbeiten. Also habe ich mich ins Auto gesetzt und bin von Paris nach Avignon gefahren, wo der Vertriebsleiter saß. Der sagte dann, Marseille sei keine gute Idee, ich solle lieber von Avignon aus arbeiten. Also habe ich mir eine Bude in Avignon gesucht und von dort aus losgelegt.

Sie sind dann bei L'Oréal geblieben, später zu GlaxoSmithKline in die USA gewechselt. Wie sind Sie letztendlich bei dm gelandet?
▶ Nach ein paar Jahren bei L'Oréal in Frankreich war ich dann eigentlich mit großer Freude zunächst in den USA und dann in Frankreich bei GlaxoSmithKline unterwegs. Ich verantwortete die Marketingleitung für den gesamten Mundpflegebereich in Frankreich. Als nächster Schritt war klar, dass meine Aufgabe eine Landesverantwortung sein würde. Das war aber nicht ganz so einfach wegen meiner Familie. Unser Sohn ging schon in Richtung Abitur, er hätte also sprachlich in dem Land zurechtkommen müssen. Er sprach sehr gut Englisch, weil meine Frau aus Südafrika stammt. So wäre es am ehesten die Leitung eines englischsprachigen Landes gewesen.

Warum haben Sie nicht zugegriffen?
▶ Zu diesem Zeitpunkt erlebte ich Umgangsformen im Topmanagement, die mich haben zweifeln lassen, ob dort wirklich meine Zukunft liegen könnte. Ich erlebte, wie jemand, der sich extrem eingebracht hatte, ziemlich rücksichtslos abgefertigt wurde. Dies erschütterte damals mein Grundvertrauen in die Glaubwürdigkeit der propagierten Verhaltensgrundsätze im Unternehmen. Wollte ich wirklich noch für ein solches Unternehmen arbeiten in einer Landesgesellschaft fern der Heimat, wenn ich der Unternehmensleitung nicht mehr vertraute? Und so habe ich dann meinem Vater signalisiert: Wenn es bei dm in der Geschäftsführung vielleicht mal eine Vakanz gibt, dann würde ich mich interessieren. Einige Monate später rief mich der damalige Vorsitzende der dm-Geschäftsführung, Erich Harsch, der Nachfolger meines Vaters, an und sagte, es gebe eine Veränderung in der Geschäftsführung und ob ich Interesse hätte, dort einzutreten. Es ging um eine der Marketing- und Einkaufsverantwortungen, die

damals in der Geschäftsführung noch doppelt besetzt waren. Das traute ich mir zu, da ich zuvor bei anderen Unternehmen in diesem Feld tätig gewesen war. So bin ich also mit der Geschäftsführung ins Gespräch gegangen.

Aber eine Bewerbung mussten Sie nicht schreiben, oder?
▶ Doch, doch, da gab es keine Abkürzung für mich. Zunächst mal bin ich nicht als Geschäftsführer eingestiegen, sondern als Mitglied der erweiterten Geschäftsführung. So bin ich also im Dezember 2010 bei dm gestartet. Ich habe zuerst einmal zwei Monate lang eine Art Praktikum gemacht, bin in den Märkten gewesen und in den Lagern, in den unterschiedlichen Abteilungen. Ich wollte einfach das Unternehmen aus dem Operativen heraus wirklich kennenlernen. Ein halbes Jahr später bin ich dann als Geschäftsführer für Marketing und Beschaffung vom Aufsichtsrat berufen worden.

Es war später in der Presse zu lesen, dass es mit einer Geschäftsführerin, die Sie ersetzt haben, so eine Art Machtkampf gegeben habe. Stimmt das?
▶ Zu dem Zeitpunkt, an dem ich zu dm gekommen bin, war die Kollegin bereits erfolgreich in einem anderen Unternehmen tätig. Schließlich erhalten dm-Manager oft Angebote von anderen Unternehmen. Es ist auch nicht so, dass ich direkt sehr viel geändert hätte. Denn meine Strategie ist eigentlich immer, auf dem Bestehenden aufzusetzen, vor allem, wenn es um eine erfolgreiche Organisation geht. Bei uns lief es gut, es ging nicht um tiefgreifende Maßnahmen. Es gibt ein tolles Buch für solche Situationen: *The First Hundred Days* von Jeffrey Tarter. Das hatte ich gelesen, bevor ich bei GlaxoSmithKline mehr Verantwortung bekommen habe. Einige Dinge haben mich sehr geprägt, weil ich sie sehr eingängig fand.

*»In Paris habe ich mich super wohlgefühlt.
Nun ging es in die alte Industriestadt Pittsburgh
zu GlaxoSmithKline.«*

Christoph Werner (2. von rechts) 2006 mit seinem Team
an einem Messestand von GlaxoSmithKline

Zum Beispiel?

▶ Dass man eine gründliche Analyse macht, wo die Organisation steht. Davon hängt ab, ob man sofort voll ranmuss oder sich etwas Zeit nehmen kann mit den Veränderungen. Oder dass man erst mal die kleinen Dinge angeht, die man ganz gut lösen kann, und dann erst die dicken Bretter bohrt.

Sie waren vor Ihrem Beginn schon Aufsichtsrat bei dm und hatten natürlich auch über die Familie Einblick ins Unternehmen. Da hätte ich gedacht, dass Sie mit einer fertigen Strategie anrücken.
▶ Es kann richtig sein, schon sehr früh eine Strategie auszuarbeiten, es kann aber auch genau falsch sein. Natürlich war mir das Unternehmen vertraut und auch die Grundsätze, die das Unternehmen prägen. Ich hatte ja so viele Gespräche mit meinem Vater. Außerdem hatte ich im Aufsichtsrat die Themen Unternehmensstrategie und Jahresplanung lange begleitet. Die Grundsätze, die die Basis unseres Handelns sind, kannte ich, und sie waren mir immer sehr wichtig. Eine fertige Strategie kann man das aber nicht nennen.

Welche Grundsätze meinen Sie?
▶ Vor allem die konsequente Kundenorientierung. Denn ich hatte gerade auch in den großen Konzernen erlebt, wie sehr sie sich oft in erster Linie mit sich selbst beschäftigt haben. Also der Blick auf den Vorgesetzten statt auf den Kunden. Denn: Der Vorgesetzte entscheidet mit dem Mittel der Verhaltensbeurteilung über den variablen Einkommensbestandteil. Deshalb ist einer unserer Grundsätze eben auch, dass wir keine variablen Einkommensbestandteile haben, die von individuellen Leistungsbeurteilungen abhängen. Wichtig war mir auch immer, dass wir Silostrukturen, wie sie in vielen Unternehmen zu sehen sind, bei uns möglichst vermeiden. Dass also Abteilungen um sich selbst kreisen, ein Eigenleben haben, nicht mit anderen zusammenarbeiten. Deshalb hat bei uns jeder Geschäftsführer neben seiner Verantwortung für einen funktionalen Bereich laut Geschäftsordnung immer auch die Mitverantwortung für das gesamte Unternehmen. Damit hat jeder das Recht und die Pflicht, über alles im Unternehmen Fragen zu stellen und sich für andere Abteilungen mitzuinteressieren.

»Mitinteressieren«, das ist eine interessante Wortschöpfung.
▶ In den Unternehmen gilt oft eher das Gegenteil. Mitinteressieren unerwünscht! Misch du dich bei mir nicht ein, dann lasse auch ich dich in Ruhe. Als Folge geht der Blick fürs Ganze verloren.

Nicht zuletzt aufgrund von kulturellen Defiziten bei Unternehmen, bei denen Sie zuvor waren, sind Sie zu dm gekommen. Ist es Ihnen gelungen, bei dm eine bessere Unternehmenskultur zu etablieren?
▶ Das ist zumindest der Anspruch. Allerdings sind wir ein so großes Unternehmen, dass ich nicht ausschließen kann, dass wir gelegentlich unserem Anspruch nicht gerecht werden. Ich stelle mir aber nicht die Frage, ob ich es ausschließen kann, sondern: Was ist unsere Haltung? Wonach streben wir? Und woran messen wir uns immer wieder? Und da glaube ich schon, dass wir es besser machen, als ich es bei anderen Unternehmen erlebt habe. Wir haben beispielsweise das Prinzip, Betroffene zu Beteiligten zu machen. Das heißt, die Betroffenen wirklich in den Prozess einer Veränderung gestaltend mit einzubeziehen. Wir versuchen, offen zu kommunizieren. Wir versuchen immer, die wirklichen Gründe in den Vordergrund zu stellen und nicht irgendwelche fadenscheinigen Vorwände. Das ist etwas, das wir bei uns kultiviert haben. Deswegen sind wir auch erfolgreich. Man darf die Wirkung solcher kulturellen Aspekte nicht unterschätzen. Gibt es hier Probleme, dann vergiftet das Unternehmen nach und nach. Die guten Leute gehen und die Exzellenz geht verloren.

Wie kommt die richtige Kultur ins Unternehmen? Von oben? Von der Basis?
▶ Wir haben den Grundsatz, dass die Treppe von oben gefegt wird. Die Kultur wird dadurch geprägt, wie die Geschäftsführung die Zusammenarbeit vorlebt und wie sie die Kultur im eigenen Verant-

wortungsbereich fördert und ihr Raum gibt. Wir können feststellen, dass gerade die Menschen, die in Vollzeit bei uns arbeiten, lange im Unternehmen bleiben. Da haben wir eine große Stabilität, und das ist für mich ein Indikator, dass die Kultur stimmt.

> »*Ich vermeide rote Teppiche, wenn ich irgendwie kann.*«

Christoph Werner mit seiner Ehefrau bei der Markengala 2017 in Frankfurt

Vom Geschäftsführer zum Vorsitzenden der Geschäftsführung

Sie sind 2019 vom Geschäftsführer zum Vorsitzenden der Geschäftsführung aufgestiegen. In der Bekanntgabe des Wechsels gab es keine freundlichen Abschiedsworte für ihren Vorgänger Erich Harsch. Gab es Streit?
▶ Herr Harsch wurde Vorsitzender des Vorstandes der Baumarktkette Hornbach. Als Aktiengesellschaft unterliegt Hornbach Publizitätspflichten. Die sehen vor, dass nach der Bekanntgabe des Wechsels sofort die Öffentlichkeit informiert werden muss. Herr Harsch hat sich streng daran gehalten. Er hat niemand etwas erzählt und uns erst informiert, als auch die Pressemeldung von Hornbach rausging. Leider war das ausgerechnet zu einem Zeitpunkt, an dem fast die gesamte Geschäftsführung im Urlaub war. Ich zum Beispiel war gerade in Afrika unterwegs, wo ich keine guten Voraussetzungen hatte, um gut und schnell kommunizieren zu können. So war es dann schwierig, gleich die richtigen Statements herauszugeben. Wir mussten uns mit dem Aufsichtsrat und mit dem Mitgesellschafter abstimmen. Gleichzeitig haben aber schon einzelne Medien extrem Druck gemacht, haben vermutet, dass es hier zu einem großen Machtkampf gekommen sei. Ich kann verstehen, dass man das so interpretiert, aber es stimmt nicht. Es ist einfach unglücklich gelaufen.

Wie viel Veränderungsdruck haben Sie nach dem Abgang von Herrn Harsch gesehen?

▶ Ich hatte zuvor schon lange mit ihm kollegial zusammengearbeitet, war Teil der Geschäftsführung und sein Stellvertreter. Insofern hat sich mit dem Wechsel nichts dramatisch verändert. Weil bei uns jeder Geschäftsführer für eine bestimmte Region in Deutschland verantwortlich ist, wurde durch den Weggang von Herrn Harsch eine Region frei. Wir haben dann entschieden, dass ich als Vorsitzender der Geschäftsführung keine Region übernehmen werde, um an dieser Stelle eine gewisse Entlastung zu haben. Deshalb wurden dann die Regionen insgesamt neu zugeschnitten und verteilt. Das war eine der größeren Veränderungen. Und dann kam Corona.

Dann war der Veränderungsdruck da!

▶ Das war plötzlich eine andere Welt. Durch die Kontaktbeschränkungen und die Schließung weiter Teile des Einzelhandels hat sich das Geschäft völlig verschoben. In Fußgängerzonen, in Einkaufszentren und an Bahnhöfen sind die Umsätze dramatisch eingebrochen. Die Fachmarktfilialen allerdings, die dort sind, wo auch die von den Schließungen nicht betroffenen Lebensmittelhändler sind, sind im Umsatz förmlich explodiert. Außerdem nahm die Online-Nachfrage sprunghaft zu. Solche extremen Verschiebungen in kürzester Zeit, das war kaum zu handhaben.

Wie haben Sie reagiert?

▶ Als eine erste Maßnahme haben wir die Filial-Kommissionierung schnell ausgerollt.

Was heißt das?

▶ Normalerweise wird online bestellte Ware direkt im Online-Verteilzentrum, also einem zentralen Warenlager, verpackt und an den Kunden versandt. Wir haben eingeführt, dass auch in den dm-Märkten Online-Bestellungen bearbeitet werden. Das hat von dem völlig überlasteten Online-Verteilzentrum Druck genommen und zugleich für Beschäftigung in den dm-Märkten gesorgt, bei denen die Umsätze dramatisch zurückgegangen waren. In vergleichbaren Situationen geht es normalerweise sofort um die Anordnung von Kurzarbeit. Mein Ziel war damals, erst einmal Ruhe reinzubringen und nicht gleich von Kurzarbeit zu sprechen. So kam die Idee, dass sich die dm-Märkte Bestellungen schnappen, diese packen und in den Versand geben.

Hat es funktioniert?

▶ Sehr gut sogar. Das aus der Not geborene System hat dazu geführt, dass die Zuverlässigkeit des dm-Onlineshops besser als bei anderen war. Wir konnten unseren Mitarbeitern eine sinnvolle Tätigkeit anbieten, brauchten keine Kurzarbeit und konnten zugleich ein Signal in die Arbeitsgemeinschaft senden: Wir können auch online! Und das Online-Geschäft ist nicht unsere Bedrohung, sondern in diesem Fall sogar unser Rettungsring. Das hat dem ganzen Unternehmen einen unglaublichen Schub gegeben. Wir haben erfahren, wie produktiv wir auch in unvorhergesehenen Situationen zusammenarbeiten können, wenn wir von den anliegenden Aufgaben und Chancen her denken und handeln; dm ist ein veränderungsfähiges Unternehmen.

Es blieb nicht beim Päckchenpacken. Sie haben unter anderem auch Coronatests eingeführt.
▶ Die Regierung hatte sehr stark auf Kontaktverbote, Masken und Selbsttests gesetzt, weil es zunächst keine Impfungen gab und es unklar war, wie gefährlich das Ganze ist. Wir sahen uns als Drogerie in der Pflicht zu helfen. Es war aber nicht einfach, Masken und Selbsttests zu beschaffen, denn die Lieferketten waren extrem unzuverlässig. Man hatte Ware bestellt, dann aber ist jemand anderes zum Flughafen gefahren, hat Geld auf den Tisch gelegt – und die Masken waren weg. Das war wirklich wie im Wilden Westen. Dann entstand in der Bundesregierung die Idee von Schnelltests in Testzentren. Ziel war, verlässliche Nachweise zu haben, dass jemand nicht infektiös war. Diesen Menschen sollte wieder Zugang zu zuvor geschlossenen Einzelhändlern und Dienstleistern gegeben werden. Wir bei dm überlegten, was wir tun können, um diese Schnelltests mit Zertifikat möglichst vielen Menschen zu ermöglichen. Aus diesen Überlegungen heraus sind 523 Schnelltestzentren an den dm-Märkten entstanden. Später gab es dann Testzentren vieler anderer Anbieter, aber am Anfang eben nicht, wir waren da echte Vorreiter. Auch das hat der Organisation eine unglaubliche Kraft gegeben, die Erkenntnis, dass wir so etwas hinbekommen.

In den Filialen gab es also viele neue Erkenntnisse. Wie war es in der Zentrale, im dialogicum? Zumindest Homeoffice müssten Sie dort gelernt haben.
▶ Ja, virtuelle Zusammenarbeit haben wir gelernt. Es gab Bereiche, die sind mit vielen Leuten im Homeoffice richtig durchgestartet.

Aber nicht alle?
▶ Wenn es in den Bereichen schon vorher Führungsschwächen gab, hat Homeoffice oft nicht gut funktioniert. Das war vor allem am Ausbleiben von Initiative bemerkbar. Wo eine gute Führung war, wo die Menschen deshalb an das eigenverantwortliche Arbeiten schon gewöhnt waren, dort klappte es virtuell meist wunderbar. Auch diese Erkenntnis war für uns wichtig. Es hat sich die Spreu vom Weizen getrennt.

Was also bleibt von dieser Pandemie, im Guten wie im Schlechten?
▶ Ich habe kürzlich in einem Podcast gehört, dass weltweit mindestens sechs Millionen Menschen an Corona verstorben sind. Das ist natürlich eine Tragödie von ungeahntem Ausmaß. Daran ist nichts Gutes. Aber auf das Unternehmen bezogen kann ich sagen: Die Krise hat uns unglaublich gestärkt, hat uns widerstandsfähiger, weniger fragil gemacht. Uns kam zugute, dass wir uns im Unternehmen schon zuvor mit dem Thema Antifragilität viel befasst hatten.

Was verstehen Sie unter »Antifragilität«?
▶ Unter Stress besser zu werden. Leben entwickelt sich oft auch am Widerstand, unter Schwierigkeiten. Widerstände sind also nicht per se schlecht. Sie sorgen dafür, dass uns Kräfte zuwachsen. Wenn Sie eine lernfähige Organisation sind, dann führt Stress, der von außen kommt, zu einer Stärkung der Leistungsfähigkeit. So wie der Muskel wächst, wenn Sie immer wieder trainieren. Dieser Prozess ist für viele in der Arbeitsgemeinschaft sehr konkret erlebbar geworden. Und aus diesem Grund ist auch die Bereitschaft, sich künftig Neuem zu stellen, viel größer geworden. Die Ängste sind kleiner, die Zuversicht größer. Mut ist das Zutrauen in die eigenen Fähigkeiten. Wenn dann ein Problem kommt, krempeln alle die Ärmel hoch.

Eigene große Weichenstellungen

Ich habe recherchiert, welche großen Weichenstellungen bei dm auf Sie zurückzuführen sind. Lassen Sie uns mit einer frühen Weichenstellung aus Ihrer Zeit als Geschäftsführer von Marketing und Beschaffung beginnen. Sie haben damals wieder konsequent auf die Kundenkarte Payback gesetzt. Warum?
▶ Früher waren Rabatte nicht legal. Das wurde erst durch die Änderung des Rabattgesetzes im Jahr 2000 möglich. Dies hatte dann die Gründung von Payback zufolge. Weil wir von Anfang an das große Potenzial gesehen haben, war dm bei Payback Gründungsmitglied und ich habe mich stark im Beirat von Payback eingebracht. Das kam auch durch meine Erfahrung bei Herstellern wie L'Oréal. Dort habe ich gesehen: Die Stärke des Handels ist dessen direkter Kundenzugang. Den hat ein Hersteller so nicht.

Warum ist das wichtig?
▶ Es geht zunehmend darum, Kunden personalisiert zu erreichen. Und hier spielt die Relevanz der Botschaft eine große Rolle. Kunden wollen mit für sie relevanten Informationen angesprochen werden und nicht zugemüllt werden mit irgendwelchen Informationen. Unsere Kommunikation mit den Kunden kann aber nur dann relevant für sie sein, wenn wir die Menschen kennen. Das geht nur über Big-Data-Ansätze wie Kundenkarten. Unser Ziel ist, dass Kunden unsere Kommunikation als Einladung, als faires Angebot erleben, nicht als Bevormundung. Ich glaube, das gelingt uns gut, und deshalb wird dm auch als sehr vertrauenswürdiger Händler erlebt.

Sie können die Menschen zielgerichtet ansprechen, weil die Kundenkarte Payback viele Daten über die Kunden erhebt und speichert. Damit werden die Kunden aber auch gläsern.
▶ Wir haben zum Glück einen guten Datenschutz in der EU. Das hilft uns, denn die Kunden wissen, dass es strenge Rahmenbedingungen für den Umgang mit ihren Daten gibt. Wir müssen Wege finden, wie wir eine zielgerichtete Kommunikation erreichen, ohne dass die Privatsphäre der Kunden gefährdet wird. Das ist übrigens oft so in der Wirtschaft: Strenge Rahmenbedingungen erfordern noch mehr Anstrengung und Kreativität, um das eigentliche Ziel zu erreichen, und das ist für die Qualität oft gar nicht schlecht.

Eine andere Weichenstellung: Sie haben versucht, die Jahresgespräche mit den Herstellern aufzukündigen. Sie haben sie als anachronistisch und absurd bezeichnet. Dazu muss man wissen, dass die Jahresgespräche, bei denen Händler ihre konditionsrelevanten Vereinbarungen für das kommende Jahr machen, zu den wichtigsten Terminen in der Branche gehören. Wie kamen Sie dazu?
▶ Bei den Jahresgesprächen werden einmal im Jahr die Konditionen ausgehandelt, zu denen die Hersteller die Händler beliefern. Dabei stehen Rabatte im Mittelpunkt, also Preisnachlässe, die der Handel bekommt, wenn er dafür irgendetwas tut, also zum Beispiel eine besonders gute Platzierung der Artikel zusagt. Nun leben wir aber in einer Welt, die extrem volatil ist. Das nennt man auch VUCA-Welt. Die Buchstaben stehen für die englische Übersetzung von Flüchtigkeit, Unsicherheit, Komplexität und Mehrdeutigkeit. In einer solchen VUCA-Welt können wir nicht ein Jahr im Voraus oder noch länger unsere Maßnahmen im Detail festlegen. Wir müssen uns unbedingt die situative Geistesgegenwart erhalten, um immer angemessen reagieren zu können. Wenn Sie also einerseits sagen, die Welt ist VUCA,

was die meisten Hersteller gar nicht bezweifeln, und andererseits Jahresgespräche führen, dann ist das absurd. Dann müssen wir eben andere Gesprächsformen finden, regelmäßig im Gespräch sein. Wenn sich ein Artikel nicht verkauft, dann muss ich ihn aus dem Sortiment nehmen. Denn der Kunde hat sich entschieden: Er will ihn nicht. Die Regalfläche muss für einen bestimmten Umsatz sorgen, so wie eine Fabrik ausgelastet sein muss. Wenn das nicht der Fall ist, dann muss ich sofort reagieren. Dann kann ich nicht sagen: Der Artikel bleibt hier noch ein Dreivierteljahr stehen, weil der Jahresvertrag es so vorschreibt.

Diese Position war aber ziemlich provokant, oder nicht?
▶ Es mag schon sein, dass unser Ansatz ein wenig anders ist. Sie kennen vielleicht das geflügelte Wort »Der Gewinn liegt im Einkauf«. Soll also heißen, dass die Einkaufspreise der entscheidende Gewinnhebel sind. Das ist zwar nicht falsch, aber eben auch nicht richtig. Um wirklich erfolgreich zu sein, hilft es nicht, den Lieferanten immer noch etwas mehr aus den Rippen zu leiern, sie vielleicht sogar zu erpressen. Es geht darum, mit ihnen so zusammenzuarbeiten, dass die Kunden die Relevanz der Produkte für sich bewerten können. Der Gewinn liegt also im Warenumschlag. Er liegt im Wiederkauf und damit in der Kundenzufriedenheit. Wenn die Kunden immer wiederkommen, habe ich geringere Marketingkosten, kann mein Geschäft mit weniger Aufwand betreiben bzw. meinen Aufwand in die Dinge stecken, die mich langfristig erfolgreich machen. Wie erreiche ich das? Wenn ich mit den Lieferanten eng zusammenarbeite. Deshalb sollten die Lieferanten die Abverkaufsdaten kennen, die ich kenne. Wenn ich also die Datenräume zugänglich mache für Lieferanten, dann sehen diese, was sich in unseren Märkten abspielt, ob ein Produkt läuft oder nicht. Dann fangen auch die Marketingteams der Lieferanten an, sich zu

überlegen, was sie für die Zufriedenheit der dm-Kunden tun können. Dann haben wir auf einmal die Lieferanten an unserer Seite und nicht mehr auf der Gegenseite.

Als Key-Account-Manager in der Industrie haben Sie auf der anderen Seite des Tisches gesessen und erlebt, wie wichtig das Ritual der Jahresgespräche war. Hat es denn nicht für böses Blut gesorgt, dass Sie das derart infrage gestellt haben?
▶ Also zumindest haben wir uns seither gemeinsam gut entwickelt, die Industriepartner und wir. Mir ist schon klar, dass wir die Menschen, mit denen wir zu tun haben, überzeugen müssen. Da folge ich dem Grundsatz: Revolutionär denken, evolutionär handeln. Dann nimmt man die Menschen besser mit. Andererseits ist es nun mal eine Tatsache, dass man kaum noch ein Jahr im Voraus verlässlich planen kann. Dann müssen wir dieser Tatsache ins Auge sehen und die Dinge auch so benennen.

Zuletzt hat es wieder heftig gerappelt zwischen Handel und Herstellern. Es kam sogar zu Auslistungen von bekannten Marken bei großen Handelsketten. Sie reden von guter Zusammenarbeit mit den Industriepartnern, aber das Verhältnis scheint ziemlich zerrüttet zu sein.
▶ Wenn Produkte ausgelistet werden, ist hinterher oft in der Presse zu lesen, dass hart verhandelt wurde. Dann sage ich: Da wurde nicht hart verhandelt, da wurde schlecht verhandelt. Eine Verhandlung muss doch ein Ergebnis haben, das allen hilft. Wenn Produkte ausgelistet werden, dann handelt es sich um gescheiterte, also schlechte Verhandlungen. Wer mit solchen Ergebnissen aus Gesprächen mit Herstellern kommt, sollte sich fragen, was der Kunde nun davon hat.

Jahresgespräche sind also nicht mehr zeitgemäß, es soll aber auch nicht bis aufs Blut verhandelt werden und nicht zu Auslistungen von Artikeln kommen. Wie also laufen nun bei Ihnen die Verhandlungen mit den Herstellern?
▶ Die Industriepartner können heute frühzeitig bei uns sehen, wie ihre Artikel performen. Sie bekommen von uns tagesaktuell Einblick in die Daten, sogar heruntergebrochen auf einzelne dm-Märkte. Laufen die Dinge nicht gut, können sie sich schnell überlegen, was sie tun können. Vielleicht etwas am Marketing verändern oder einen Artikel mal durch einen anderen ersetzen. Das ist dann auch eine Auslistung, wenn Sie so wollen, aber eben nicht als Ergebnis von geplatzten Verhandlungen, sondern als Ergebnis von klugen Überlegungen. Der Hersteller behält dabei seinen Platz im Regal, nutzt ihn nur eben mit einem anderen Produkt. Wir sind permanent mit den Lieferanten im Gespräch und überlegen gemeinsam, wie wir das Sortiment noch besser auf die Kundenwünsche abstimmen können.

Sie wollen ein partnerschaftliches Verhältnis zu den Herstellern, was aber nicht heißt, dass Sie Konflikte scheuen. Als andere Drogeriemarktketten im Schulterschluss mit den Herstellern Preiskriege zwischen den Drogeriemärkten anzettelten, haben Sie mit extremen Maßnahmen reagiert. Die Presse bezeichnete das als Shampoo-Krieg. Was war da los?
▶ Wir bei dm haben Dauerpreise. Das bedeutet, dass es eine viermonatige Preisgarantie gibt und wir auf Sonderangebote verzichten. Vier Monate lang heben wir also die Preise nicht an, manchmal sogar jahrelang nicht. Die Kunden wissen, dass wir immer zum niedrigsten Preis anbieten, den wir realisieren können. Das ist im Handel absolut ungewöhnlich. Fast überall im Handel gibt es sonst Sonderangebote. Da wir aber zugleich auch den Anspruch haben, immer der günstigste

Anbieter zu sein, müssen unsere Dauerniedrigpreise also sogar mit den befristeten Sonderangeboten der Konkurrenten mithalten können.

Aber wie soll das gehen? Sie können nicht immer so günstig sein, wie die gesamte Konkurrenz es nur bei ihren zeitlich befristeten Lockangeboten ist.

▶ In der Praxis sieht es so aus, dass bei Produkten, die sehr häufig im Sonderangebot sind, unser Dauerpreis relativ nah an diesem Sonderangebotspreis liegt. Bei Produkten, die nur selten im Sonderangebot sind, liegt der Dauerpreis näher am gewöhnlichen Regalpreis. In der konkreten Situation, über die Sie sprachen, hatten wir zuvor immer wieder von der Industrie gehört, dass wir bei dm durchaus auch einen höheren Preis für ihre Produkte nehmen könnten, weil unsere Kunden ja durchaus bereit seien, bei dm etwas mehr zu bezahlen. Gleichzeitig aber haben diese Hersteller es unseren Konkurrenten durch Einkaufskonditionen ermöglicht, uns mit extrem niedrigen Preisen unter Druck zu setzen. Daher haben wir uns dann entschieden, konsequent auf Sonderangebote zu reagieren und Preise zu setzen, die nah an diesen Sonderpreisen waren. Das aber führte dazu, dass Wettbewerber ihre Preise noch weiter absenkten. So kam es zu einem Preiskampf, der letztlich dazu führte, dass das mit den Sonderangeboten nicht mehr wie geplant funktionierte.

Warum nicht?

▶ Weil die konkurrierenden Händler und ihre Lieferanten nicht mehr weiter runtergehen konnten im Preis. Das war absehbar. Wenn konkurrierende Händler so weit gegangen sind, dass sie Produkte zu einem Preis verkauft haben, der unter unserem Einkaufspreis lag, dann haben wir ebenfalls konsequent Maßnahmen ergriffen. Wir haben die Märkte dazu aufgefordert, diese extrem günstige Ware bei den Wettbewerbern im großen Stil zu kaufen. Wenn wir die Ware dort billiger bekommen als direkt vom Hersteller, warum sollten wir das dann nicht tun?

So kam es aber mitunter zu unschönen Szenen in den Märkten der Konkurrenz, weil Ihre Mitarbeiter dort die Regale leerräumten. Einmal musste sogar die Polizei kommen.
▶ Es stimmt, es gab da einigen Pulverdampf. Wichtig ist, nicht in eine Dynamik hineinzugeraten, aus der man dann nicht mehr herauskommt. Den Mitarbeitern war nichts vorzuwerfen. Diese Einkäufe bei der Konkurrenz waren rechtlich absolut einwandfrei. Trotzdem wollen wir ja nicht, dass sie in eine Situation kommen, in der dann die Polizei gerufen wird. Aber es war ein ganz klares Signal von uns, dass wir es mit den Dauerpreisen wirklich ernst meinen. Diese Botschaft ist in der Branche auch gehört worden.

Haben Sie am Ende das Wettrüsten an der Preisfront also gewonnen?
▶ Wir sind erst kürzlich vom *Handelsblatt* als preiswürdigster Anbieter ausgezeichnet worden. Also, ich denke: Ja, wir haben das Ziel erreicht, auf Dauer Preisführer zu sein.

Preisexperten sagen, dass die Niedrigpreise zwischen dm und Rossmann ausgemacht werden, weil Discounter wie Aldi oder Lidl hier schon gar nicht mehr mitmischen können oder wollen.
▶ Wir setzen die Preise mit Blick auf die Kunden. Dennoch hat sich das Klischee lange gehalten, sogar in der Fachwelt, dass Discounter wie Aldi bei Drogeriewaren die Preisführerschaft hätten. Es ist für Discounter im Übrigen schwieriger, die Preisführerschaft zu erlangen, als für uns. Denn sie haben weniger Artikel als wir. Ein Preiskampf bei einem Artikel trifft sie deshalb proportional stärker als uns.

Bruch mit Alnatura: aus Zitronen Limonade machen

Lange hat Alnatura dm mit Bioprodukten beliefert. Dazu muss man wissen, dass dm mit Alnatura privat und geschäftlich schon lange verbunden ist. Ihr Vater gehörte zu den Inspiratoren von Alnatura. Zugleich ist seine zweite Frau die Schwester des Alnatura-Eigentümers Götz Rehn. Nachdem Sie die Verantwortung im Einkauf übernommen hatten, kam es plötzlich zum Bruch zwischen dm und Alnatura. Es folgten unschöne Gerichtsverfahren. Was haben Sie da bloß angestellt?

▶ Ich beabsichtigte nie einen Konflikt, hatte auch immer einen guten Draht zu Götz Rehn. Nicht nur durch die verwandtschaftlichen Beziehungen. Er war auch bei uns im Aufsichtsrat und so hatte ich oft gute Gespräche mit ihm. Seine Meinung war mir wichtig. Einfach auch, weil er ein toller Mensch mit einem enormen Wissen ist. Schon bevor ich zu dm kam, gab es immer wieder Geraune, dass Alnatura die Verträge anders auslege als wir. Also ging ich der Sache nach. Die Nachforschungen ergaben, dass Alnatura tatsächlich die Verträge anders interpretierte als wir. Da war ich dann doch sehr erstaunt.

Wie hat Ihr Vater reagiert?

▶ Mein Vater fiel aus allen Wolken. Er hatte früher schon von dieser Vermutung gehört, hatte es aber per se einfach ausgeschlossen, dass es dort unterschiedliche Auffassungen geben könnte. Und damals war es eben so: Wenn Götz Werner sagte, das kann nicht sein, dann konnte es nicht sein. Man hat das im Unternehmen dann nicht weiterverfolgt,

*»Ich habe meinen Vater eigentlich immer als einen
sehr zuversichtlichen Menschen erlebt, aber in der Sache mit
Alnatura war er wirklich verzweifelt.«*

Alnatura-Produkte 2012 in einem Münchner dm-Markt

auch wenn hinter vorgehaltener Hand weiterhin Zweifel geäußert wurden. Später hat es meinen Vater sehr umgetrieben, dass er die Hinweise nicht ernst genommen hatte. Durch die Gerichtsprozesse, die dann folgten, wurde das Ganze noch viel unerfreulicher. Denn die Gerichte schlossen sich unserer Sichtweise nicht an. Dafür waren die

Verträge zu allgemein gefasst. Ich habe meinen Vater eigentlich immer als einen sehr zuversichtlichen Menschen erlebt, aber in der Sache mit Alnatura war er wirklich verzweifelt. Er hat sehr oft gesagt: Das hätte mir nicht passieren dürfen. Für ihn ist eine Welt zusammengebrochen.

Wegen des Streits stoppte Alnatura die Belieferung, und dm war gezwungen, sich andere Lieferanten für das Biosortiment zu suchen. Rückblickend war das gar nicht schlecht, richtig?
▶ Rückblickend ja. Aber das konnten wir damals nicht wissen. Zunächst mal standen wir vor einem riesigen Problem. Wir hatten zwölf Regalmeter, für die mit einem Mal die Belieferung nicht mehr verlässlich war. Und wir wussten, dass wir all die Produkte nicht von heute auf morgen ersetzen konnten. Weil es keinen Lieferanten gab, der das ganze Sortiment übernehmen konnte, haben wir es selbst in die Hand genommen, haben die Marke dmBio ins Leben gerufen und uns Lieferanten für die verschiedenen Produkte gesucht. Dieser Schritt war in unserem Sortimentsmanagement sehr umstritten, da haben wir viel diskutiert. Wir haben dann ein Projektteam aufgestellt für den Aufbau des eigenen Biosortiments. Das Team ist durch die Republik geflitzt, hat mit Lieferanten gesprochen, Produkte konzipiert. Das war aber keine schöne Zeit für alle Beteiligten, es war einfach hart.

Die Marke dmBio ist jetzt nicht wahnsinnig originell. Ist Ihnen nichts Besseres eingefallen?
▶ Im Biobereich ist praktisch alles schon markenrechtlich geschützt. So war dmBio eigentlich eine Notlösung. Aber letzten Endes hat sich das als genau richtig herausgestellt, weil die Marke dm und Bio sehr eng zusammenbringt. Das zahlt dann auch auf die Marke dm ein,

denn dm wird insgesamt stärker mit Bio verbunden. Und umgekehrt hat dm der Marke eine große Glaubwürdigkeit gegeben, weil es eben nicht nur irgendwie Bio war, sondern Bio von der bekannten und geschätzten Marke dm. So wurde dmBio für uns schließlich ein gigantischer Erfolg, ist jetzt die größte dm-Eigenmarke mit über einer halben Milliarde Euro Umsatz im Jahr und hat noch viel Luft nach oben. Heute ist dmBio sogar größer als unsere Kosmetikmarke Balea, die schon eine wirklich gewichtige dm-Marke ist. Aber noch mal: Wir haben nicht Alnatura rausgeschmissen, um selbst ein stärkeres Geschäft aufzubauen. Das war einfach aus der Not heraus geboren. Wir haben aus Zitronen Limonade gemacht.

Wie ging der Streit dann in der Familie aus? Reden Sie heute überhaupt noch mit Götz Rehn?

▶ Die Sache ist ausgestanden und wir schauen jetzt nach vorne. Es war sehr unerfreulich, aber es ist ja etwas Gutes daraus geworden. Sowohl für dm als auch für Alnatura, die nun viel breiter im Handel distribuiert sind. Ich habe heute ein gutes Verhältnis zu Götz Rehn, aber eben ein rein privates. Das ist gut so. Privates und Geschäftliches zu trennen, ist oft sehr sinnvoll.

Bei dm tickt man anders. Es gibt dort keine Personalkosten. Denn das würde den Mitarbeiterinnen und Mitarbeitern suggerieren, dass sie ein Kostenfaktor wären. Personalausgaben heißen bei dm deshalb »Mitarbeitereinkommen«. Statt auf der Kostenseite der Bilanz stehen sie beim Gewinn; dm will nicht Unternehmen sein, sondern »Arbeitsgemeinschaft«, und zwar eine, die nicht als Gewinnmaschine konstruiert ist, sondern als »sozialer Organismus«: ein Ort also, wo Menschen ihre eigene Lebensbiografie schreiben können. Das soll die Mitarbeiter motivieren, nicht etwa Boni.

Die wichtigste Rolle im Unternehmen haben nicht die Chefs, sondern die Mitarbeiterinnen und Mitarbeiter in den Märkten. Sie sind es, die das Geschäft machen. Sie entscheiden über Sortiment, Preise, sogar Gehälter. Alle anderen – Regionalleiter, Produktentwickler, Topmanager – sollen ihre Dienstleister sein.

Wie soll das funktionieren? Christoph Werner erklärt es.

DRITTES KAPITEL

Das Unternehmen

50 Jahre dm: mit neuem Schwung an die Kulturarbeit

In diesem Jahr feiern Sie 50 Jahre dm.
▶ Das ist ein Anlass, um noch mal intensiv an unseren Unternehmensgrundsätzen zu arbeiten. Mit unserer Unternehmensphilosophie und unseren Unternehmensgrundsätzen bewegen wir uns auf einer großen Flughöhe. Diese kommen aus den 80er-Jahren und haben die ganze Zeit über gut funktioniert. Aber wir haben inzwischen festgestellt, dass beide nicht mehr so anschlussfähig sind. Das liegt auch daran, dass das Unternehmen inzwischen so groß ist, dass die Zeit sich weitergedreht hat und so viele verschiedene Menschen versuchen, diese Grundsätze zu deuten. So entstehen Unschärfen. Deshalb haben wir ein Projekt gestartet, in dem wir uns ansehen, wie wir unsere Grundsätze so formulieren können, dass sie zugänglicher werden, gerade auch für Menschen, die neu in die Arbeitsgemeinschaft kommen. In der Hoffnung, dass diese Menschen dann sagen: Das ist spannend. Das berührt mich. Da möchte ich auch mitarbeiten. Dann haben Sie super Voraussetzungen für eine gelingende Zusammenarbeit. Mit diesem zusätzlichen Ansatz wollen wir negative Tendenzen eindämmen, die es auch in jeder Organisation gibt. Mich bewegt das Anliegen: Wie können wir die kulturellen Fragen so lebendig halten, dass sie immer wieder die Menschen so entzünden, dass der gute Wolf im Menschen gefördert und der böse Wolf nicht genährt wird?

»*Als Arbeitsgemeinschaft können wir eine Wirkung erzeugen, die der Einzelne so nie erreichen könnte.*«

Christoph Werner (links) mit Kollegen 2011 bei
der Eröffnung eines neuen dm-Lagers

»In unserem Unternehmen haben die Mitarbeiterinnen und Mitarbeiter große Freiräume, um sich selbst Regeln zu erarbeiten.«

Christoph Werner mit Kolleginnen am dm-Stand beim Hessentag 2014 in Bensheim

Wie darf man sich das Treiben des bösen Wolfs bei dm konkret vorstellen?

▶ Ein Problem in der Zusammenarbeit ist etwa, wenn jeder glaubt, zu wissen, wie es geht. Dann entsteht der Drang, dominieren zu wollen. Es gibt gerade auch in einem Handelsunternehmen etliche Bereiche, in denen man sehr aufpassen muss, dass die Kräfte des Alphamännchens und der Eitelkeit nicht zu stark werden. Diese Kräfte entstehen vor allem dann, wenn Menschen Macht haben. Und Machtfülle gibt es bei uns oft. Im Einkauf zum Beispiel, wo es um wirklich große Beträge geht. Da bestimmen Sie womöglich ganz maßgeblich mit, ob sich ein Herstellerbetrieb weiterhin gut entwickeln kann oder ob Menschen entlassen werden müssen.

Wie sieht so ein kulturelles Projekt bei Ihnen aus? Wahrscheinlich nicht so, dass sich Geschäftsführer beim Bier ein paar neue Regeln ausdenken.

▶ In unserem Unternehmen haben die Mitarbeiterinnen und Mitarbeiter große Freiräume, um sich aus dem gemeinsamen Anliegen heraus selbst Regeln zu erarbeiten. Bei diesem Projekt handelt es sich aber ausnahmsweise um einen Prozess, der tatsächlich direkt bei der Geschäftsführung veranlagt ist. Denn diese Grundsätze auszuarbeiten ist, meiner Ansicht nach, wirklich Aufgabe der Geschäftsführung. Wenn Sie das in den vorwiegend operativen Bereichen erarbeiten würden, bestünde immer die Gefahr, dass sie nicht die nötige Flughöhe bekommen, weil die Menschen sehr stark aus ihrer persönlichen Perspektive und Betroffenheit heraus denken. Außerdem möchte ich, dass die Grundsätze von den Menschen, die die Gesamtverantwortung haben, auch wirklich mitgetragen werden. Denn wenn es dort nicht gelebt wird, dann können Sie die Grundsätze gleich vergessen.

Wer hat also die Verantwortung?
▶ Wir haben zwei Menschen, die das Projekt leiten. Der eine ist ein Gebietsverantwortlicher, die andere eine Mitarbeiterin von dmTECH, der IT-Tochter von dm. Außerdem ist ein Unternehmensbegleiter beteiligt, der schon lange mit uns zusammenarbeitet. Zudem noch Mitglieder aus der Geschäftsführung, auch aus dem Ausland, damit wir auch diese Perspektive eingeschlossen

*» Wie können wir die kulturellen Fragen
so lebendig halten, dass der gute Wolf
im Menschen gefördert und der böse Wolf
nicht genährt wird? «*

Christoph Werner (Mitte) bei einem Innovation Hub 2018

haben. Anfang 2023 hatten wir eine internationale Tagung mit Geschäftsführern aus allen Ländern mit dm-Märkten und Landesgesellschaften, wenn Sie so wollen: die ganz große Geschäftsführung von dm. Bei der Tagung haben wir die ganz wesentlichen Punkte diskutiert.

*»Wir müssen immer wieder
von Neuem prüfen, welche Produkte
wir verantworten können.«*

Laborbesuch von Christoph Werner (links) bei L'Oréal

Das ist schon nachvollziehbar. Aber auf den ersten Blick hätte ich gedacht, dass es basisdemokratisch bei Ihnen zugeht, wenn Unternehmensgrundsätze erarbeitet werden.
▶ Meine Erfahrung ist, dass da zwar einiges von den Mitarbeiterinnen und Mitarbeitern kommt, dass es aber nicht leicht ist, damit dann zu arbeiten. Basisdemokratie macht aus meiner Sicht eher dann Sinn, wenn es wirklich schon einen konkreten Vorschlag gibt, und

95

man stellt diesen im Sinne einer Volksabstimmung zur Diskussion. Manchmal ist es einfach schwer, eine zielführende Diskussion zu führen, wenn sie nicht schon ein bisschen Fleisch am Knochen haben. Insofern binden wir die Mitarbeiterinnen und Mitarbeiter ein, aber erst, wenn wir schon etwas erarbeitet haben, das wir zur Diskussion stellen können.

Offenbar gehen Sie die Unternehmensgrundsätze noch mal ganz offen an, starten quasi bei null. Warum eigentlich? Sie hätten doch auch an den bestehenden Grundsätzen feilen können.
▶ Sie können an dem Bestehenden weiterschrauben, aber dann bekommen Sie keine Sprunginnovation. Uns ging es gar nicht darum, das, was wir schon haben, zu optimieren. Das, was wir haben, kann auch stehen bleiben, kann mit dem Neuen koexistieren.

Wo stehen Sie nun bei diesem neuen Teil?
▶ Wir stecken noch mitten in dem Prozess. Aber wir sind in eine gute Richtung unterwegs. Jemand hat an einem bestimmten Punkt der Diskussion diese Definition eingebracht: Einen Text zu verstehen bedeutet, die Fragen des Autors zu verstehen, auf die er mit dem Text eine Antwort zu geben versucht. Wir haben uns überlegt, dass wir es doch ähnlich machen könnten: Das Unternehmen dm zu verstehen bedeutet, die Fragen zu verstehen, auf die die Arbeitsgemeinschaft versucht, eine Antwort zu geben. Wir haben begonnen, diese Fragen zu sammeln.

Welche Fragen sind das?
▶ Zum Beispiel: Was ist der Unterschied zwischen einer Gruppe und einer Gemeinschaft? Oder: Wie sehen wir den Menschen? Hier lautete eine Antwort, die aber nicht die letztendliche Definition sein muss:

Unser Menschenbild ist eine Liebeserklärung an die Freiheitsfähigkeit im Menschen. Natürlich hatten wir da Diskussionen: Was ist eine Liebeserklärung? Warum nicht Entwicklungsfähigkeit? Warum nicht Erkenntnisfähigkeit? Wann geben Sie eine Liebeserklärung ab? Da geht es dann wirklich um die wichtigen Fragen. Auch um Dinge, in denen Sie die Zukunft sehen. Das ist nicht final, ist noch sehr allgemein und muss noch konkretisiert werden. Aber es gibt mal eine Idee davon, wie wir uns diesen Dingen nähern. Wichtig ist uns aber auf jeden Fall: Es soll einladen zur Diskussion und nicht ein Spruch sein, den Sie auswendig lernen müssen. Wenn die Definition zum Nachdenken und Diskutieren anregt, dann ist es gut.

Mit drogistischer Kompetenz: die Regale füllen

Sie sind häufig in dm-Filialen zu Besuch. Welcher der 3945 Märkte ist Ihr Lieblingsmarkt?
▶ Tatsächlich gibt es einen solchen Favoriten nicht. Dadurch, dass wir immer wieder reinvestieren, haben wir eigentlich keine Läden, die nicht auf dem Stand der Zeit sind. Wir halten sehr genau nach, wann Investitionen in die Märkte wieder notwendig sind. Denn wenn Sie an dieser Stelle in Investitionsrückstand geraten, ist es kaum noch aufzuholen. Hier ist uns Schlecker ein mahnendes Beispiel. So ist das Erscheinungsbild in den Märkten immer sehr ähnlich und ich fühle mich dort schnell zu Hause. Wenn man reinkommt, fühlt man sich wie bei dm.

Wenn Sie in einen Markt kommen, in welche Abteilung gehen Sie zuerst, welche ist Ihnen am wichtigsten?
▶ Den Bereich Schönheit, Kosmetikprodukte also, habe ich selbst einmal verantwortet, der liegt mir immer noch nahe. Weil ich bei L'Oréal gearbeitet habe, kenne ich auch die Herstellerseite. Das Gleiche gilt für Mundpflege, weil ich bei GlaxoSmithKline war. Bei solchen Sortimenten bin ich mehr zu Hause als etwa bei den Reinigungsmitteln. Ein Bereich, der sehr von Innovationen geprägt ist, ist auch das Sortiment Ernährung und Bioprodukte. Das sehe ich mir auch gern an.

*»Je besser wir Menschen verstehen, umso besser können wir
für Menschen den positiven Unterschied machen.«*

Eine dm-Mitarbeiterin mit dem Mission-Statement
»Wir machen den Unterschied«

Wie viele verschiedene Produkte führt ein durchschnittlicher dm-Markt?
▶ Im Schnitt so um die 12.500 unterschiedliche Artikel.

In einer dm-Filiale gibt es ein paar Hundert Regalmeter zu befüllen. Wie entscheiden Sie, was da reinkommt und was nicht?
▶ Bei uns geht es um die drogistischen Kompetenzen in unseren Warenkategorien. Diese wichtigsten Kategorien sind Schönheit, Haushalt, Baby, Gesundheit und Foto. Die Frage bei der Produktauswahl ist immer: Wie kann es uns gelingen, dass die Kunden sich sagen: »Was

»Wie kann es uns gelingen, dass die Kunden sich sagen:
›Was ich brauche, führt dm –
und was dm nicht führt, brauche ich nicht‹«?

Nach der Flutkatastrophe im Ahrtal 2021 hilft Christoph Werner
in einem Verteilzentrum aus

ich brauche, führt dm – und was dm nicht führt, brauche ich nicht«? Das ist für uns drogistische Kompetenz.

Das ist das Ziel, das Sie haben. Wie erreichen Sie es?
▶ Indem wir permanent am Sortiment arbeiten. Das ist die Aufgabe des Sortimentsmanagers. Es kommt immer sehr viel Neues auf den Markt und es gehen Produkte aus dem Markt. Die Bedürfnisse verändern sich. Weil wir nur eine begrenzte Anzahl von Regalmetern haben, müssen wir uns stets die Frage stellen, welchen Artikeln wir diese Fläche zur Verfügung stellen wollen. Die Not, die ein Sorti-

mentsmanager hat, ist die, dass für jedes Produkt, das er einlistet, ein Produkt ausgelistet werden muss. Er muss sich also fragen, auf was er verzichten kann. Das ist nicht leicht, denn bei einem Produkt, das geht, weiß er, dass es einen gewissen Umsatz und Deckungsbeitrag gebracht hat. Bei einem neuen Produkt handelt es sich zunächst mal nur um eine Hoffnung.

Wir reden über die Kernbereiche des Drogeriemarktsortiments. Ihr Wettbewerber Rossmann hat zum Beispiel Schreibwaren und Bücher. Wie entscheiden Sie, welche Kategorien in einen Markt gehören?
▶ Hier gilt auch, dass der Platz begrenzt ist. Sie können nur fragen: Wie könnten wir für ein neues Sortiment beispielsweise vier bestehende Regalmeter freiräumen? Das aber ist kein Nachteil, das ist sehr gut so. Denn kein Kunde will sich in einem unendlich großen Markt verlaufen. Es ist wie im Leben: Würden wir unendlich leben, wäre die Gefahr sehr groß, dass alles im Überdruss endet, denn ich könnte von allem unendlich viel haben. Die Endlichkeit aber führt zu einer Verwesentlichung. Ich muss mich auf mein Selbstverständnis als Händler besinnen und mich fragen, ob ein zusätzliches Sortiment dem Kunden wirklich den entscheidenden Zusatznutzen bringt. Sind Schreibwaren drogistische Kernkompetenz oder nicht? Sie werden feststellen, dass die in Deutschland tätigen Drogerien das unterschiedlich interpretieren.

Es heißt, Kunden seien zufriedener, wenn die Auswahl im Laden nicht so groß ist. Stimmt das?
▶ Richtig. Wenn die Kunden zwischen 100 Joghurtsorten entscheiden müssen, dann kann es passieren, dass sie erst eine Weile grübeln und dann überhaupt keinen Joghurt kaufen. Wenn Menschen eine Situa-

»Die Not, die ein Sortimentsmanager hat, ist die, dass für jedes Produkt, das er einlistet, ein Produkt ausgelistet werden muss.«

Einkaufstüte mit dem Unternehmensmotto
»Hier bin ich Mensch, hier kauf ich ein«

tion nicht mehr richtig verstehen, dann sind sie auch nicht entscheidungsfähig. Im Online-Handel sieht es etwas anders aus, weil durch die Anzeige der Sortimente den Kunden immer nur ein Ausschnitt präsentiert wird. Dennoch bleibt für einen Händler die Frage, wie er seine Sortimentskompetenz profiliert. Und das gelingt meist durch Verwesentlichung, also das Weglassen von Überflüssigem. Wir glauben, dass wir im unendlichen Spiel des Wettbewerbs dann am längsten bestehen, wenn wir uns klar auf die drogistischen Kernkompetenzen fokussieren, so wie sie heute verstanden werden. Ich will nicht ausschließen, dass sie in Zukunft anders verstanden werden. Dann müssten wir uns entsprechend anpassen.

Zukunftsmarkt Gesundheit

Ist schon ein Trend für künftige Kernkompetenzen erkennbar? Wohin könnte die Reise gehen?

▶ Es könnte sein, dass zum Beispiel im Gesundheitsbereich noch weitere Leistungen von den Kunden erwartet werden. Gesundheit ist nicht zuletzt durch das Altern der Bevölkerung ein Megatrend. Auch glaube ich nicht, dass unser Gesundheitssystem auf Dauer noch so finanziert werden kann, wie wir es heute tun. Nur wenn die Menschen mehr Prävention betreiben, bleiben die Ausgaben für Gesundheit noch tragbar. Wir bieten heute schon viele Produkte für die gesundheitliche Prävention, aber das könnten wir noch ausweiten.

In den USA ist in den großen Drogeriemärkten immer auch eine Apotheke integriert. Wäre das auch ein Modell für Sie?

▶ Bislang sind die Spielräume für Drogerien in diesem Bereich aus regulatorischen Gründen sehr gering. Allerdings ist zu beobachten, dass Apotheken zunehmend Nachfolgeprobleme haben und schließen müssen. Wie kann daher die Versorgungssicherheit der Bevölkerung mit Medikamenten auch künftig sichergestellt werden? Sofern der Gesetzgeber unter dem Gesichtspunkt des Gemeinwohlnutzens den Markt öffnen würde, wären Drogerien sicherlich leistungsfähige Anbieter.

Sie sind also mit der Politik im Gespräch, ob sie Ihnen nicht den Weg zu neuen Märkten im Gesundheitsbereich ebnen könnte.
▶ Zumindest beobachten wir die Entwicklung sehr genau. In der Verantwortung, die ich habe, ist es wichtig, das Gras wachsen zu hören. Ich habe das Privileg, dass ich nicht so tief in den operativen Prozessen drinstecken muss und mich unter anderem um solche Fragen kümmern kann. Ich sehe meine Aufgabe darin, mich darum zu kümmern, was in Deutschland die Menschen und den Gesetzgeber bewegt, und zu verstehen, wie Lösungsstrategien aussehen könnten.

Sie haben in der Coronazeit schon mal tief in das interessante Feld der Gesundheitsdienstleistungen hineingeschnuppert, als sie Teststationen betrieben haben. Wie war die Erfahrung?
▶ Das hatte auch mit unseren Kontakten in die Politik zu tun. Der Einstieg ins Testen ging nur so schnell, weil wir zuvor schon mit den politischen Entscheidungsträgern im Gespräch waren und wir sehr schnell überblicken konnten, wo die Probleme waren und welche Lösungen wir beisteuern konnten. Was den Gesundheitsmarkt angeht, haben wir durch die Teststationen viel gelernt.

Zum Beispiel?
▶ Wenn Sie solche Teststationen anbieten wollen, dann brauchen Sie natürlich auch Menschen, die sie betreiben. Wir haben festgestellt, dass unsere Mitarbeiter gern bereit sind, sich in einem solchen Bereich zu engagieren, obwohl das für sie neu war. Sie sind ja nicht zu dm gekommen, um dort mit Patienten zu arbeiten. Aber viele haben gesagt, dass das für sie Sinn ergibt, dass sie da dem Motto gerecht werden können: Wir machen den Unterschied. Das konnten wir im Vorfeld nicht wissen, denn zumindest subjektiv könnte solch eine Arbeit natürlich auch mit einem zusätzlichen Infektionsrisiko einhergehen.

Wie sich das alles verhält, war zu Beginn der Pandemie nicht bekannt. Unser Fazit war: Wir können den Kunden wirklich beistehen, wenn es darauf ankommt. Das war eine schöne Erkenntnis. Da war ich mächtig stolz auf dm.

Würde dm auch impfen, wenn Sie es dürften?
▶ Das würden wir, es ist aber nicht erlaubt. Wir können aber einen Raum bei dm zur Verfügung stellen. Wenn sich dann eine Organisation findet, die ein entsprechendes medizinisches Team hat, dann könnte sie dort Impfungen durchführen. Die Drugstores in den USA haben ja richtige Gesundheitsdienstleistungen. Sie können verschreibungspflichtige Medikamente verkaufen, Injektionen geben, Augen und Ohren testen und sogar Krankenversicherungen verkaufen. Das können wir alles nicht. Dafür sind wir aber beim drogistischen Warensortiment deutlich besser aufgestellt als die amerikanischen Drugstores.

Produktauswahl: zwischen Kundenbedürfnissen, Kommerz und Verantwortung

Man hört in der Branche, dass rund um das Thema Schönheit Erweiterungen bei Ihnen denkbar sind. Stimmt das?
▶ Vor allem da, wo sich Dinge nicht digitalisieren lassen, wo sie wirklich vor Ort sein müssen, gibt es gute Chancen für uns. In Österreich und Slowenien zum Beispiel gibt es in dm-Märkten auch Friseurstudios. Vielleicht hat das in Zukunft mal eine große Bedeutung. Ich bin jedenfalls froh, dass in der dm-Gruppe in den unterschiedlichen Ländern unterschiedliche Dinge ausprobiert werden. Das sind praktisch unsere Labore, in denen solche neuen Ansätze erarbeitet und getestet werden. Nur deshalb konnten wir auch unsere Corona-Testzentren so schnell umsetzen.

Wie das denn?
▶ Besonders wichtig war, dass die Online-Terminvergabe für die Tests gut funktionierte. Die Software dafür kam aus den österreichischen dm-Märkten, die es gewohnt sind, Termine für die dortigen Friseursalons zu vergeben.

Ein Coronatest ist ohne Zweifel sinnvoll. Auch der Friseurbesuch ist in der Regel unumgänglich. Es gibt aber andere Dienstleistungen oder Produkte, die eher Firlefanz sind oder sogar schädlich. Wie verantwortungsvoll muss ein Produkt sein, das Sie anbieten?

▶ Das muss immer wieder neu austariert und überlegt werden. Aber grundsätzlich gilt: Ein Produkt muss das halten, was es verspricht.

Aber die Antifaltencremes, die sie verkaufen, lassen die Falten doch nicht verschwinden.
▶ Das versprechen die Cremes aber auch nicht. Sie werden auf den Produkten relativ genaue Angaben darüber finden, wie das mit der Antifaltenwirkung gemeint ist. Aber ich gebe Ihnen recht, wir müssen immer wieder von Neuem prüfen, welche Produkte wir verantworten können. Nehmen Sie zum Beispiel die Wassersprays. Das sind Sprühdosen, die zur Kühlung Wasser versprühen. Wenn es heiß ist und Sie sich abkühlen wollen, können Sie sich damit Wasser ins Gesicht sprühen. Wenn Sie sich geschminkt haben, dann können Sie nicht sich einfach mal so Wasser zur Abkühlung ins Gesicht kippen. Dann kann das eine praktische Sache sein. Andererseits handelt es sich um Sprühdosen. Da fragt man sich, ob das hinsichtlich der anfallenden Abfallmengen wirklich eine gute Idee ist. Die Herausforderung bei der Sortimentsgestaltung ist: Sie müssen sich auf der einen Seite an den Bedürfnissen der Kunden orientieren. Auf der anderen Seite müssen Sie darauf achten, dass das Angebot stimmig bleibt. Wenn wir sagen, dass uns das Wohlergehen der Kunden wirklich ein Anliegen ist, dann passen da zum Beispiel Zigaretten nicht dazu, selbst wenn es ein Bedürfnis dafür gibt.

Wie werden Sie im Fall der Wassersprays verfahren?
▶ Im Winter haben wir sie nicht, weil man sie da nicht braucht. Im Sommer haben wir sie wahrscheinlich. Wir fragen uns aber immer, ob es Alternativen gibt, ob man zum Beispiel Fläschchen ohne Treibgas anbieten könnte. Das ist an sich nichts Negatives, hier kritisch zu

sein, denn es bieten sich dadurch wieder neue Chancen für Hersteller, innovativ zu sein. So haben auch feste Duschseifen als Alternative zu Duschgel den Eingang ins Sortiment gefunden. Oder auch Rasieröle als Alternative zu Rasiergel aus der Sprühdose. Die Rasiergel-Dosen sind aus Ressourcensicht ja wirklich keine Freude. Das sind Aluminiumdosen mit Deckel und Sprühkopf und innen ist das Treibgas, außerdem ein Plastikbeutel, in dem sich das Gel befindet. Ein immenser Verpackungsaufwand.

Mal angenommen, Sie machen gute Gewinne mit den Wassersprays, weil es einfach nur Wasser in einer Sprühdose ist, Sie dafür aber ein paar Euro nehmen können. Warum sollten sich Ihre Sortimentsmanager gegen so ein lukratives Produkt entscheiden?
▶ Bei kurzfristiger Betrachtung mag das richtig sein. Sie können damit zunächst einmal Geld verdienen. Die Frage ist bloß, ob das auch langfristig dem Geldverdienen dient. Denn die Kunden werden wahrnehmen, ob Sie sich verantwortungsvoll verhalten, und das zahlt auf die Marke dm ein. Das Vertrauen, das die Kunden in die Marke haben, ist unser größtes Kapital. Natürlich gibt es auch die kurzfristigen Erwägungen, die möglicherweise nicht ganz unwichtig sind. Deshalb gibt es, das will ich gar nicht abstreiten, Diskussionen im Haus, welche Produkte wir aus Gründen der Verantwortung haben oder eben auch nicht. Nehmen Sie mal das Sortiment der Erotikspielzeuge. Da mussten wir auch erst mal unsere Haltung dazu finden. Ist das dann die Schmuddelecke bei dm, oder sind das Produkte, die für Menschen, die in einer Partnerschaft sind, durchaus wichtig sein können? Wollen wir da eine Kompetenz haben oder nicht? Gehört das ins Sortiment?

Und?

▶ Sie finden heute diese Produkte bei uns. Wir mussten entscheiden, wie wir die Produkte präsentieren wollen. Latex-Look und Beate-Uhse-Atmosphäre wären sicherlich nicht das Richtige für uns, allein schon wegen der oft sexistischen Botschaften, die hier mittransportiert werden. Für uns ist eher die moderne, schlichte und kultivierte Art des Online-Händlers Amorelie ein Vorbild.

Sie haben gesagt, dass Sie keine Zigaretten verkaufen. Feuerwerkskörper gibt es bei Ihnen an Silvester auch nicht. Ist das nicht oberlehrerhaft?

▶ Unser Ansatz ist, dass wir immer für etwas sein wollen, nicht gegen etwas. Wir werden nicht gegen das Rauchen oder gegen Feuerwerkskörper polemisieren. Das wäre oberlehrerhaft. Wir bieten es nicht an, und wenn wir gefragt werden, warum nicht, dann erklären wir es. Wir verteufeln es aber nicht. Es ist selbstverständlich die freie Entscheidung der Kunden, zu rauchen oder Feuerwerkskörper zu kaufen – oder eben nicht.

Rauchen ist schlecht für die Gesundheit, aber Haare färben oder Süßigkeiten essen ist auch nicht wahnsinnig gesund. Wo verläuft für Sie die Grenze?

▶ Entscheidend ist, ob das Produkt einen Nutzen stiftet, der in unserem Verständnis zu einem kompetenten Drogeriemarkt passt. Haarfärbemittel passen zur Kategorie Schönheit in die Warengruppe Haar. Sie werden von vielen Menschen geschätzt, weil sie helfen, die persönlichen Vorstellungen der eigenen Schönheit zum Ausdruck zu bringen. Die Produkte gibt es mit unterschiedlichen Rezepturen. Aufgabe im Sortimentsmanagement ist es, darauf zu achten, dass die Produkte möglichst wenig schädlich für die Haare und die Umwelt sind.

Die Europäische Union hat vor einiger Zeit gesagt, dass der weiße Farbstoff Titandioxid krebserregend sein kann, wenn man ihn einatmet. In Zahncreme ist er aber sehr häufig enthalten. Das verwundert, weil die meisten Menschen durchaus auch durch den Mund atmen ...

▶ Ja, das stimmt.

Ich habe mich deshalb auf die Suche nach einer Zahncreme gemacht, die kein Titandioxid enthält, und habe festgestellt, dass dm sich direkt nach dem Bekanntwerden der EU-Aussagen mit dem Thema befasst hat und inzwischen das Titandioxid in den Zahncremes der dm-Eigenmarke weglässt.

▶ Wenn sich der Stand der Wissenschaft ändert oder auch wenn sich die Einstellung der Menschen verändert, dann müssen wir das ernst nehmen. Die meisten Inhaltsstoffe können Sie nicht einfach rausnehmen, denn es hat ja einen Grund, dass sie drin sind. Aber wenn wir die Notwendigkeit sehen, etwas an der Zusammensetzung zu ändern, dann können wir das direkt beim Hersteller anregen und dafür sorgen, dass es möglichst schnell umgesetzt wird. Für uns zählt, ob es für die Kunden einen positiven Unterschied macht. Gerade bei solchen Dingen ist es wichtig, in unserer Haltung nicht schulmeisterlich, dogmatisch oder messianisch zu werden. Also nicht aus eigener Überzeugung Dinge zu tun, die am Ende die Kunden aber nicht wirklich wollen. Gerade bei klaren Grundsätzen kann schnell aus dem Blick geraten, dass Grundsätze zwar gute Diener sind, aber schlechte Herren. Aus Grundsätzen abgeleitete Regeln müssen immer wieder daraufhin überprüft werden, ob sie weiterhin das ursprüngliche Problem lösen helfen oder ob sie bereits aus der Zeit gefallen sind. Sonst erstarrt eine sinnvolle Regel zu einem Dogma. Kennen Sie die Geschichte von der Katze und der Meditationshalle?

Nein.
▶ Ich erzähle sie Ihnen: In einem Ashram lief immer eine Katze durch die Meditationshalle, wenn der Guru zur Meditation rief. Dies störte, und der Guru veranlasste, dass die Katze während der Meditation vor der Halle angebunden und danach wieder freigelassen wurde. Irgendwann ist der Guru verstorben, und es kam der nächste, der es mit der Katze weiterhin so hielt. Irgendwann ist dann auch die Katze verstorben. Was hat man gemacht? Man hat eine neue Katze besorgt, um sie während der Meditation vor der Meditationshalle anbinden zu können. Lösungen für ein einstmals wichtiges Anliegen können sich schnell verselbstständigen und aus der Zeit fallen. Das kann ein Unternehmen irgendwann sogar ruinieren, weil es seine Anpassungsfähigkeit verliert.

In Familienunternehmen ist diese Gefahr besonders groß. Denn wo es mächtige Eigentümer gibt, die lange im Unternehmen sind, tendiert man häufig dazu, die Dinge einfach so zu machen, wie der Eigentümer es will, ohne nach dem Sinn zu fragen.
▶ In Familienunternehmen ist die Gefahr sicherlich größer, vor allem, wenn der Familienunternehmer sehr lange das Unternehmen patriarchal geprägt hat. Wenn sich alles ritualisiert, besteht die Gefahr, dass die veränderten Bedürfnisse der Kunden nicht ausreichend wahrgenommen werden. Aber auch andere Unternehmensformen können den Kunden leicht aus den Augen verlieren. Beispiele dafür gibt es wie Sand am Meer.

Markenpolitik und Preispolitik

An der Produktvielfalt arbeiten bei Markenherstellern viele Tausend Mitarbeiter. Wie viele Mitarbeiter haben Sie in der Produktentwicklung und im Produktmanagement?
▶ Ungefähr 150.

Das ist unfassbar wenig.
▶ Ja, aber Sie müssen bedenken, dass wir nicht selbst Forschungslabore betreiben oder produzieren. Wir koordinieren die Entwicklung und Herstellung der Produkte in enger Zusammenarbeit mit den Herstellern. Idealerweise kommen die Hersteller mit Innovationen auf uns zu. Sie wollen unser präferierter Partner sein, weil wir große Marktanteile haben und Innovationen fördern. Wir üben also keinen Druck auf die Hersteller aus, sondern einen Sog. Wenn auf diese Art Innovationen bei uns ins Regal kommen, dann müssen wir selbst nicht so viel grübeln, was ein gutes neues Produkt sein könnte. Vielmehr kommen Sie in einen kreativen Austausch mit den Herstellerpartnern. Dann wird die Zusammenarbeit sehr lebendig.

Ursprünglich haben sich die Eigenmarken vor allem über den Preis verkauft. Inzwischen aber hat man den Eindruck, dass es sich auch schon um recht starke Marken handelt.
▶ Aus Sicht der Kunden sind auch unsere Eigenmarken inzwischen starke Marken. Sie werden häufig wie andere Markenartikel gesehen. Die in der Branche übliche Unterscheidung zwischen Eigenmarken der Händler und Markenartikeln der klassischen Hersteller ist ja eine

technische Unterscheidung von Experten. Die Kunden denken nicht in diesen Kategorien.

Es gibt seit Jahrzehnten einen Machtkampf im Handel um die Hoheit im Regal. Immer wieder bezichtigen Markenhersteller den Handel, mit unlauteren Methoden ihre Produkte anzugreifen. Dass Händler zum Beispiel beobachten, wie gut eine Innovation eines Markenherstellers läuft, und dann sofort ein ähnlich ausschauendes Konkurrenzprodukt als Eigenmarke im Regal danebenstellen. Ist da was dran?
▶ Es ist tatsächlich ein Problem, wenn ein Markenartikler mit einer guten Idee kommt und das dann sofort mit einer Eigenmarke kopiert wird. Dann geht die Innovation aus dem Markt. Deshalb machen wir das auch nicht.

Wirklich? Ich sehe direkt neben Markenartikeln immer wieder Produkte von dm, die sehr ähnlich aussehen.
▶ Wenn wir im Sortimentsmanagement von Innovationen unserer Industriepartner erfahren, gelangt diese Information nicht ins Produktmanagement. Wenn das Produkt dann im Regal steht, sind die Abverkaufsdaten auch dem Produktmanagement bekannt. Ob dann ein ähnliches Produkt als Eigenmarke sinnvoll ist, muss zunächst der Produktmanager und dann der Sortimentsmanager entscheiden. Bei erfolgreichen Produktinnovationen eines Markenartiklers reagieren in der Regel die anderen Markenartikler auch sofort mit ähnlichen Produkten. So gesehen unterscheiden sich da Eigenmarken nicht von Markenartikeln.

Sie haben es eigentlich viel leichter als ein Markenartikelhersteller: Sie müssen nicht erst einen Händler überzeugen, dass er Ihr neues Produkt ins Sortiment aufnimmt.
▶ Wir haben es leichter, weil die Wege zwischen den Teams kürzer sind. Aber auch ein eigenes Produkt muss sich bei unseren Sortimentsmanagern behaupten.

Sie wollen sagen, dass Ihre Sortimentsmanager nicht verpflichtet sind, ein Produkt ins Sortiment aufzunehmen, das Ihre Produktmanager entwickelt haben?
▶ Der Sortimentsmanager hat hier tatsächlich keine Vorgaben. Er hat die Aufgabe, ein möglichst kompetentes, kundenorientiertes und damit abverkaufsstarkes Sortiment zusammenzustellen. Dafür kann er sich der Markenartikel und der Eigenmarken bedienen.

Jetzt haben wir viel darüber gesprochen, was Sie anbieten. Lassen Sie uns zu der Frage kommen: Zu welchem Preis? Früher hat dm stark über den Preis verkauft, war ein Discounter. Gilt das noch?
▶ Das gilt auch weiterhin. Unser Preiskonzept ist der günstige Dauerpreis mit vier Monaten Preisgarantie. Für Kunden, die einen großen Teil ihres drogistischen Bedarfs bei dm einkaufen, sind wir der günstigste Anbieter auf den gesamten Warenkorb gerechnet. Und durch den günstigen Dauerpreis hat der Kunde diesen Preisvorteil jederzeit und nicht nur, wenn in einem Flugblatt gerade Sonderangebote mit seinen Bedürfnissen in Deckung sind.

Woher wissen Sie das?
▶ Wir erheben die Preise eines repräsentativen Warenkorbs bei allen relevanten Mitbewerbern jeden Monat und vergleichen die Preise dieser Warenkörbe mit denen von dm. Günstige Preise sind für uns

nicht einfach nur ein Mittel zur Profilierung, sondern Teil unseres kundenorientierten Selbstverständnisses als Händler. Denn wenn wir wirklich auf der Seite unserer Kunden stehen wollen, haben wir alles dafür zu tun, deren Kaufkraft durch günstige Preise zu stärken.

Ich finde, Sie haben unter den Drogerieketten die ansprechendsten Filialen. Sie haben sehr viele Bioprodukte. Sie pflegen einen guten Umgang mit den Mitarbeitern. Sie haben starke Marken. Das wirkt alles gar nicht mehr wie ein Discounter. Versuchen Sie hier nicht die Quadratur des Kreises, wenn Sie so hohe Ansprüche haben und gleichzeitig der günstigste Anbieter sein wollen?

▶ Oft wird in den Dimensionen von Entweder-oder gedacht: entweder günstige Preise und dürftiges Ladenbild oder hohe Preise und edler Auftritt. Aus diesen scheinbaren Spannungsfeldern gilt es auszubrechen, indem wir die Prämissen ändern. Es ist gut, einfach mal umzudenken, im ursprünglichen Sinne auch mal querzudenken und vor allem vorauszudenken. So kommt man dann auf die Idee, die Preise zu senken und durchzuhalten, bis die zusätzlichen Deckungsbeiträge durch mehr Kundenzuspruch sich dann realisieren. Wenn man diese dann in ein ansprechendes Ladenbild investiert, treibt dies das Schwungrad der positiven Entwicklung zusätzlich an.

Außendarstellung und Werbung

Wer sind Ihre wichtigsten Wettbewerber in Deutschland und in Europa?
▶ Alle, die Drogeriewaren verkaufen, zählen wir zu unseren Mitbewerbern.

Wie grenzen Sie sich von den Wettbewerbern ab? Beziehungsweise tun Sie das überhaupt? Sagen Sie ganz klar: Das ist deren Positionierung und das ist unsere Positionierung?
▶ Wichtig scheint uns, die Mitbewerber zwar wahrzunehmen, uns jedoch nicht auf sie zu fixieren. Entscheidend ist immer, die Kunden im Blick zu behalten. Denn diese sind unsere Arbeitgeber und für die sind wir da. Jeff Bezos, der Gründer von Amazon, hat die Erfolgsformel mal ganz gut auf den Punkt gebracht: »Solange wir unsere Augen auf den Kunden gerichtet halten und unsere Wettbewerber ihre Augen auf uns, wird es uns gut gehen.« Besser kann man es nicht auf den Punkt bringen.

Zug um Zug nimmt Amazon weitere Waren in das Sortiment auf, deckt immer mehr Sparten ab. Wie sehr fürchten Sie Amazon?
▶ Wenn jemand neu in den Markt eintritt, der es besser macht als Sie, dann geraten Sie unter Druck. Das ist grundsätzlich so. Wenn ein erfolgreicher neuer Player auftaucht, sollten Sie vielleicht mal schauen, was er besser macht als Sie. Da hilft eine genaue Analyse der Kundenentscheidungen. Mit Marktforschung können Sie das durchaus herausfinden, was er besonders gut macht, was dort besonders

gut funktioniert. Es ist dann aber keine gute Idee, ihn einfach nur zu kopieren. Da laufen Sie Gefahr, dass sie immer nur der ewige Zweite sind. Sie können aber aus der sehr exakten Kundenbeobachtung in Kombination mit den eigenen Werten innovative Lösungen entwickeln. Das ist der Weg, den wir bei dm für richtig halten. Denn dann bleibt die Quelle des eigenen Erfolgs im Fokus.

Wenn Sie jemanden zu Hause besuchen, wie hoch ist die Wahrscheinlichkeit, dass Sie dort Produkte aus dem dm-Markt vorfinden?
▶ Die Wahrscheinlichkeit ist hoch. Wir haben in Deutschland eine ungestützte Bekanntheit von 98 Prozent. Das bedeutet, dass 98 Prozent der Deutschen sagen können, was dm ist. Die Kaufdurchdringung ist ebenfalls sehr hoch. Sie hängt natürlich auch davon ab, ob sich in der Nähe ein dm befindet. Aber im Durchschnitt kann man sagen, dass 80 Prozent der deutschen Haushalte mehr oder weniger häufig bei uns einkaufen.

Die Marke dm ist sicherlich sehr bekannt. Wie sieht es mit Ihnen als Marke aus? Ich würde mal vermuten, dass Sie die enorme Bekanntheit Ihres Vaters Götz Werner noch nicht erreicht haben. Er war wirklich eine Marke.
▶ Er wurde es zunehmend, das stimmt.

Der Babykosthersteller Hipp setzt Firmenchef Stefan Hipp ganz bewusst in der Werbung ein. Möchten Sie auch persönlich als Marke Christoph Werner für das Unternehmen stehen und werben?
▶ Also, dm ist eine Gemeinschaftsleistung und soll grundsätzlich im Vordergrund stehen. Gleichwohl ist zu beobachten, dass wir Menschen immer mit Menschen zu tun haben wollen und nicht mit irgendwelchen Firmen. Deswegen ist es nicht zielführend, wenn Unternehmen

117

sich äußern. Es müssen immer Menschen aus den Unternehmen sein, die sich stellvertretend für die Unternehmen äußern und Einblicke geben, wie in einem Unternehmen gedacht wird. In meiner Funktion als Vorsitzender der Geschäftsführung von dm trete ich somit stellvertretend für die Arbeitsgemeinschaft dm auf, vertrete aber natürlich auch meine persönlichen Ansichten zu spezifischen Fragestellungen, die vielleicht über den unmittelbaren Unternehmenskontext hinausgehen. Sich auch persönlich bei Fragestellungen einzubringen, gerade als Unternehmer, halte ich für wichtig. Denn unser Gemeinwesen lebt davon, dass sich die Bürgerinnen und Bürger auch einbringen. Und wenn man das Glück hat, durch die Tätigkeit in einem Unternehmen viel zu bewegen, halte ich dies für umso wichtiger.

Viele Unternehmer wollen strikt im Hintergrund bleiben. Aber hat die Öffentlichkeit denn nicht den Anspruch darauf, etwas von Menschen zu erfahren, die mit Tausenden oder Zehntausenden Mitarbeitern in einem Land Geschäfte machen? Die also auch vom Land, seinen Arbeitskräften, vielleicht seinen Subventionen profitieren?

▶ Bezogen auf den Unternehmer würde ich Ihnen recht geben. Aber Unternehmer haben auch Familien und damit auch ein Recht auf Privatsphäre. In dieser Hinsicht ist der Unternehmer eben auch einfach ein Bürger, der nicht ungefragt in das Licht der Öffentlichkeit gezerrt werden möchte und der seine Familie davor – völlig zu Recht – schützen möchte. Wenn Kinder lesen, was öffentlich über ihre Eltern berichtet wird, dann ist das für sie auch nicht immer unbedingt eine Freude. Kinder von prominenten Eltern zu sein, ist für viele eine Belastung.

Auch für Sie?
▶ Mein Vater war noch nicht so prominent, als ich noch minderjährig war. Danach habe ich lange im Ausland gelebt, da waren weder dm noch mein Vater bekannt. Als ich zurück nach Deutschland kam, stand ich bereits fest auf den Füßen.

Aber wir halten fest, die Marke Christoph Werner kommt zum Einsatz und künftig vielleicht noch mehr.
▶ Das ist nicht ausgeschlossen, aber immer nach dem Pullprinzip. Ich dränge mich niemandem auf. Und ich versuche, mich auf den Kern zu beschränken. Ich sage immer: dm verkauft Shampoo und Zahncreme, keine Weltverbesserungsvorschläge. Für unsere Sortimentsleistung, da werben wir auf Grundlage unseres Menschenbildes. Über unsere Haltung sprechen wir, wenn wir danach gefragt werden.

Ich habe mal gehört, Sie hätten zu Hause keinen Fernseher. Stimmt das?
▶ Ja, das ist richtig. Ich bin zu Hause ohne Fernseher aufgewachsen und wir haben auch heute keinen. Aber ich würde sagen, dass das klassische Fernsehen auch heute für uns gar nicht mehr eine besonders große Bedeutung hat, um gut informiert zu sein. Zumindest nicht mehr so, wie noch vor einigen Jahrzehnten. Warum fragen Sie?

Weil mich Ihre Werbestrategie interessiert. Wie verkaufen Sie dm in der Öffentlichkeit? Warum sieht man kaum TV-Werbung? Nur wenige Anzeigen? Machen Sie vor allem Werbung in den sozialen Medien?
▶ In der Werbung verfolgen wir bei dm einen dialogischen Ansatz. Ausgangspunkt ist hierbei, was unsere Kunden interessieren könnte und daher Relevanz für sie hat. Dieses Ziel erreichen wir am ehesten,

wenn wir Kunden personalisiert direkt postalisch oder per E-Mail anschreiben. Aus diesem Grunde ist die Werbung von dm nicht besonders wahrnehmbar, es sei denn, man gehört zu den Kunden, die angeschrieben werden. TV-Werbung setzen wir nur ein, wenn es allgemeine Themen gibt, auf die wir aufmerksam machen wollen. In den sozialen Medien sind wir auch präsent. Als interaktives Medium ist es unter dem dialogischen Aspekt interessant.

Welche Werbebotschaft möchten Sie transportieren, was ist der Kern?
▶ Relevanz. Die Werbung muss auf ein Bedürfnis treffen. Auf ein Informationsbedürfnis. Ganz konkret: Wenn Sie eine Aussendung bekommen zum Thema Reinigungsmittel, dann sollten dort Reinigungsmittel beworben werden, die für Sie auch relevant sind. Wenn zum Beispiel erkennbar ist, dass Sie einen Hund haben, weil Sie oft Hundefutter kaufen, dann ist es sehr wahrscheinlich, dass Sie Probleme mit Flecken auf dem Teppich haben oder mit Tierhaaren in der Wohnung. Dann ergibt es Sinn, Ihnen Informationen zu Produkten zukommen zu lassen, die diese Probleme lösen. Sie werden in unseren Aussendungen aber keine Sonderangebote finden mit dem Hinweis: »Nur solange der Vorrat reicht«.

Es könnte aber ein Payback-Coupon darin sein, der einen Rabatt verspricht.
▶ Der könnte enthalten sein, damit arbeiten wir oft. Denn die Kunden können sich dann in Ruhe überlegen, ob sie in den dm-Markt gehen und den Coupon in Anspruch nehmen wollen. Wir achten darauf, dass die Gültigkeitszeiträume solcher Coupons immer mehrere Wochen sind, damit der Kunde nicht unter Kaufdruck gesetzt wird und den Coupon dann einlösen kann, wenn es in sein Leben passt.

Das ist sehr konkrete Produktwerbung. Machen Sie auch Imagewerbung?
▶ Gute Werbung zahlt immer auch auf das Image der werbenden Marke ein. Die Botschaft richtet sich auch bei uns immer nach der adressierten Zielgruppe. Je verbundener uns Kunden sind, umso personalisierter kann die dialogische Ansprache erfolgen. Ist die Zielgruppe bisher dm noch nicht sonderlich verbunden, ist die Ansprache allgemeiner.

Wie wichtig ist TikTok in Ihrer Werbestrategie?
▶ Wir haben ein experimentierfreudiges Social-Media-Team, das unseren TikTok-Auftritt betreut. Für junge Menschen spielt TikTok eine große Rolle. Ich bin auch manchmal auf TikTok unterwegs, finde letztlich aber für mich keinen richtigen Zugang. Meine Rolle sehe ich darin, mir das hin und wieder anzuschauen und darauf zu achten, dass wir unsere Ziele nicht aus den Augen verlieren.

Wie halten Sie es mit Ihrer persönlichen Präsenz auf Social Media?
▶ Da bin ich sehr zurückhaltend. Auf LinkedIn habe ich ein Profil, allerdings mit den maximalen Privateinstellungen. Den Account habe ich nur, um mit alten Arbeitskollegen den Kontakt zu halten. Auf Facebook habe ich einen Account, um ab und zu mal zu schauen, was auf Unternehmensseiten los ist. Aber ich bin dort ganz bewusst nicht aktiv. Auch nicht auf Twitter. Ich möchte mich dem nicht aussetzen.

Unter dem neuen Chef Elon Musk ist Twitter ziemlich auf Abwege geraten. Sie sind nicht dort aktiv. Aber was ist mit dm?
▶ Wir hatten mal einen Twitter-Kanal, um Erfahrungen zu sammeln. Wir sind dort aber nicht mehr aktiv. Ein Werbekunde von Twitter

waren wir nie. Aber ich verfolge mit großem Interesse, was dort derzeit passiert.

Schon häufig wurde dm für das hohe Kundenvertrauen, für Produkte oder für die Unternehmenskultur ausgezeichnet. Welche Bedeutung haben solche Preise für das Marketing?
▶ Zunächst mal freuen wir uns über diese Auszeichnungen. Sie sind Bestätigung, dass unser Bemühen positive Resonanz erzeugt. Wichtig ist jedoch, diesen Auszeichnungen nicht hinterherzujagen, sondern die Kunden im Blick zu behalten. So gesehen sind Auszeichnungen eine Folge, nicht jedoch der Grund unserer Anstrengungen. Nur in Ausnahmefällen bewerben wir uns um Preise. Auszeichnungen werden schnell zu einem süßen Gift, wenn Ursache und Wirkung nicht auseinandergehalten werden.

Beim deutschen Nachhaltigkeitspreis war dm nominiert, Sie waren selbst dort. Es gab da ordentlich Glamour, Stars und Blitzlichtgewitter. Warum habe ich Sie überhaupt nicht auf dem roten Teppich gesehen?
▶ So was vermeide ich, wenn ich irgendwie kann.

Wenn man Werbung macht, muss man die Kunden vor Augen haben. Wer sind Ihre typischen Kundinnen und Kunden?
▶ Unsere Zielgruppe ist die bewusst einkaufende Stammkundschaft mit einem Fokus auf die junge Mutter. Denn sie hat den höchsten Bedarf. Kinder brauchen viele der Artikel, die wir führen. Außerdem interessiert sie sich als Frau überdurchschnittlich für Schönheit und Gesundheit. Und sie wird sich wahrscheinlich auch für unsere Fotodienstleistungen interessieren. Auf diese Kunden wollen wir möglichst optimal ausgerichtet sein. Deshalb haben wir auch Kundentoiletten.

Schwangere Frauen oder kleine Kinder müssen dort eben mal öfter hin. Außerdem haben wir in den dm-Märkten Wickeltische. Wenn Sie selbst ein Kind haben, dann wissen Sie, wie schwierig es sein kann, sein Kind in der Stadt eben mal zu wickeln. Zusätzlich haben wir in vielen dm-Märkten eine Still-Ecke, in die sich Mütter mit ihren Säuglingen zurückziehen können. Auch Trinkwasserspender finden Sie bei dm. Kundentoiletten sind natürlich auch für Menschen mit Blasenschwäche gut, beispielsweise ältere Menschen. Senioren sind eine wichtige und wachsende Zielgruppe, für die wir viele Gesundheits- und Körperpflegeprodukte anbieten. Grundsätzlich versuchen wir, uns tief in die Bedürfnisse der Kunden hineinzudenken, wir versuchen die Welt aus ihrer Perspektive zu verstehen.

Die dm-Filialen heißen bei Ihnen nicht Filialen, sondern dm-Märkte. Was ist falsch am Wort »Filiale«?
▶ Rein technisch gesehen, ist der Begriff nicht falsch. Es handelt sich um eine Filiale, weil es keine selbstständigen Franchisenehmer sind, die hier den Markt betreiben. Wir sind ein Filialunternehmen. Aber die Begriffe, die wir verwenden, sind wichtig, weil sie zum Ausdruck bringen, wie wir über etwas denken. Uns ist es eben ein Anliegen, dass wir die dm-Märkte vor Ort nicht wie ein Anhängsel des dialogicums sehen …

… das dialogicum heißt und nicht Zentrale oder Headquarter.
▶ Genau. Wir verstehen den Sitz der Verwaltung eben nicht als Hauptsitz oder Ähnliches, weil das impliziert, dass dort der wichtigste Bereich des Unternehmens angesiedelt ist. Als ob alles andere nur ein Anhängsel wäre. Wir haben in Karlsruhe zwar das dm-dialogicum, aber nicht minder wichtig sind die dm-Märkte vor Ort. Denn sie repräsentieren unser Unternehmen für unsere Kunden, sind der Ort,

zu dem Kunden hoffentlich immer wieder gerne kommen, und sie erzielen die Umsätze, die es uns erlauben, weiterhin für unsere Kunden tätig zu sein. Die Verantwortlichen in den dm-Märkten können über wichtige Dinge, wie etwa die Preise, in einem hohen Grad selbst entscheiden. Deswegen ist der dm-Markt wie ein kleines Universum für sich selbst und eben im täglichen Erleben keine Filiale. Das dialogicum ist nicht die übergeordnete Instanz dieser Veranstaltung, sondern unterstützt im Hintergrund, damit der dm-Markt diese entscheidenden Funktionen vor Ort gut erfüllen kann.

»*Wir verstehen den Sitz der Verwaltung eben nicht als Hauptsitz, weil das impliziert, dass dort der wichtigste Bereich des Unternehmens angesiedelt ist.*«

Das dialogicum, der architektonisch ungewöhnliche Firmensitz von dm in Karlsruhe, aus der Vogelperspektive

Online-Handel und stationärer Handel

Online-Handel ist heute Normalität, auch für dm. Ihr Vater hat das Unternehmen sehr stark geprägt, aber mit dem Online-Geschäft hat dm eigentlich erst begonnen, nachdem er 2008 den Chefposten abgegeben hat. Wie stand er dazu?

▶ Mein Vater ist grundsätzlich immer offen gewesen für solche neuen und gerade auch technologischen Entwicklungen. Das hat ihn immer ausgezeichnet. Deswegen ist das Unternehmen in seiner operativen Zeit auch so stark gewachsen und hat sich stark verändert. Es trieb ihn immer die Frage um, wie das Unternehmen für die Kunden den Unterschied machen kann. Die Antwort heißt: Indem wir zeitgemäße Antworten finden. Der Kern ist also sozusagen immer der gleiche geblieben. Aber wie wir dies einlösen können, das ändert sich mit den technischen Möglichkeiten und natürlich auch mit den Kundenbedürfnissen. Im Übrigen ist die Unterscheidung zwischen stationärem Handel und Online-Geschäft nur eine technische. Aus Sicht der Kunden gibt es diese Unterscheidung nicht. Für die Millennials oder die Generation Z war der Einzelhandel nie eine rein stationäre Veranstaltung. Für sie sind online und stationär untrennbar miteinander verbunden. Die junge Mutter, die ich ja als Kernzielgruppe beschrieben habe, ist zeitlich meistens ziemlich eingespannt. Sie will sich vielleicht auch online informieren oder online bestellen, wenn sie dadurch Zeit spart. Vielleicht will sie auch den Einkauf online zusammenstellen und dann von ihrem Partner im Markt abholen lassen. Das alles können wir heute anbieten. Wir haben eine nahtlose Verbindung der verschiedenen Kundenzugänge. Vielleicht geht der Kunde auf die dm-App, um zu schauen, ob sein dm-Markt ein bestimmtes Produkt vorrätig hat. Oder er bestellt über die App. Oder er lässt sich Artikel in seinen bevorzugten Markt liefern.

Sie sagen, Ihre jüngsten Kundengruppen kauften schon ganz selbstverständlich online ein. Aber markentreu sind sie dort nicht. Heute bestellen sie gern über die dm-App. Morgen kommt vielleicht eine andere, bessere Drogeriemarkt-App und die Kunden sind weg. Vielleicht wird es ein Anbieter sein, der nur in der neuen Welt vertreten ist und sich gar nicht mehr mit Filialen herumschlägt.
▶ Demnach wäre der stationäre Handel die alte Welt?

Ja, auch wenn das gar nicht despektierlich gemeint ist.
▶ So sehe ich den stationären Handel nicht. Die dm-Märkte sehen heute ganz anders aus als noch vor 10 oder 20 Jahren. Aber grundsätzlich ist es natürlich richtig, dass der Vertriebskanal Filiale eine große Konkurrenz bekommen hat. Ob wir auch in Zukunft noch eine große Rolle am Markt spielen, wird davon abhängen, ob das Stationäre dem Kunden weiterhin einen Nutzen stiftet. Stationär habe ich zum Beispiel die unmittelbare Verfügbarkeit. Ich muss praktisch überhaupt nicht warten, um an ein Produkt zu kommen. Das ist gerade bei Drogeriewaren häufig durchaus von Vorteil. Denken Sie nur an Babyartikel, die Sie dringend brauchen, oder etwas für Gesundheit. Da muss es oft schnell gehen. Außerdem kann der Kunde sich in der Filiale mit dem Sortiment ganz anders beschäftigen als online. Solange es einen solchen zusätzlichen Nutzen gibt, wird es das stationäre Geschäft weiterhin geben.

Hat der stationäre Handel nicht auch mit Glaubwürdigkeit zu tun? Da sind Mitarbeiter vor Ort, die persönlich für die Artikel einstehen. Das ist schon anders als in der anonymen Online-Welt.
▶ Absolut. Es ist ein Unterschied, ob es ein Unternehmen für den Kunden wirklich als physischen Ort gibt oder ob es nur digital da ist. Das geht noch über Glaubwürdigkeit und Vertrauen hinaus. Sie begeben sich ja wirklich in eine dm-Welt, wenn Sie einen Markt betreten. Das ist ein ganz anderes Erleben, als Sie es online haben könnten: Gerüche, Geräusche, Interaktion mit anderen Kunden. Das ist viel emotionaler und authentischer als alles, was Sie online darstellen können. Ich frage mich, ob beispielsweise das Metaverse das alles replizieren kann. Das ist der Anspruch, den die Anbieter hier eigentlich haben. Noch ist das nicht abzusehen.

Sie experimentieren gerade mit einer Verbindung von Online-Einkauf und stationärem Handel. Kunden können einen im Internet zusammengestellten Einkauf in einem Schließfach im Markt abholen. Wie gut wird das angenommen?
▶ Wir sehen, dass eine zunehmende Zahl an Kunden diesen Service gerne annimmt.

Wer es ganz eilig hat und nicht auf eine normale Paketzustellung warten will, für den haben Sie die Express-Zustellung per Fahrradkurier aus einem nahegelegenen Markt. Stimmt es, dass Sie sogar schneller sind als Amazon mit seiner Zustellung am selben Tag?
▶ Ja. Wenn Sie bei uns bis 18 Uhr bestellen, bekommen Sie bis 21 oder 22 Uhr die Ware zugestellt. Umweltfreundlich per Elektrofahrrad.

Neue Märkte

Was sind Ihre Voraussetzungen für die Eröffnung eines neuen dm-Markts? Was muss der Standort können?
▶ Die Regel bei uns ist, dass jeder einzelne dm-Markt auf Dauer Erträge erwirtschaften muss. Hier gilt, wie bei anderen Immobilien auch: Lage, Lage, Lage.

Gute Lagen sind aber teuer.
▶ Entscheidend ist, ob der aufgerufenen Miete ein ausreichendes Umsatzpotenzial gegenübersteht. Zusätzlich zur Lage auch wichtig: Wie ist der Zuschnitt der Fläche? Ist es ein Säulenwald? Können die Regale sinnvoll gestellt werden? Liegen die Nebenflächen und das Lager auf einer Ebene? Letzteres hat Auswirkungen auf die Produktivität im laufenden Betrieb.

Wenn Sie einen Markt neu eröffnet haben und sich nach einem Jahr anschauen, ob das eine gute Idee war, welches Kriterium ist dann das wichtigste? Umsatz? Gewinn? Zahl der Kunden?
▶ Die wichtigste Kenngröße ist bei uns die Umsatzentwicklung und dann die betriebswirtschaftliche Ertragskraft. Wir machen bei neuen dm-Märkten eine Rentabilitätsrechnung. Das Ziel ist, dass sich ein neuer Markt über den Zeitraum von zehn Jahren rechnet.

Das ist eine lange Zeit.
▶ Sie haben immer bei einem neuen dm-Markt Anfangsinvestitionen, die durch Abschreibung zunächst verdient werden müssen. Der neue Markt muss nach zehn Jahren entschuldet sein.

Was heißt entschuldet? Befreit von welchen Schulden?
▶ Andere würden es Gewinn nennen, wir nennen es Entschuldung. Die Entschuldung ist erreicht, wenn der dm-Markt unter Vollkosten einen Gewinn erzielt. Nach HGB haben Sie Gewinn und Verlust. Wir aber sprechen von Verschuldung und Entschuldung. Wenn ein dm-Markt neu aufgemacht hat und er Verluste schreibt, dann ist das ja kein Grund, den Laden gleich wieder zu schließen. Er wird dann von den anderen dm-Märkten, die einen Überschuss erwirtschaften, durch diese Zeit mit- und durchgetragen. So gesehen verschuldet sich der neue dm-Markt bei den anderen dm-Märkten. Wenn Sie irgendwann betriebswirtschaftlich einen Überschuss erwirtschaften, dann entschulden Sie sich Schritt für Schritt.

Was sind die größten Kostenposten eines Marktes?
▶ Es gibt neben dem Wareneinsatz im Prinzip vier große Positionen: Das ist die Miete mit Nebenkosten. Das sind die Mitarbeitereinkommen. Die Logistikleistungen. Und es sind die Abschreibungen für Investitionen. Also alles, was man in das Ladenbild investiert hat. Wir sprechen jedoch lieber von Leistungs- statt von Kostenpositionen. Denn diese Positionen führen das betriebswirtschaftliche Ergebnis ja erst herbei.

»Was mache ich aus der Zeit, die mir geschenkt ist und die irgendwann enden wird?«

Christoph Werner (rechts) mit dem Geschäftsführungskollegen Markus Trojansky 2022 bei der Eröffnung des ersten dm-Markts in Polen

Ladenbild – gutes Stichwort. Wenn Sie mal die Augen schließen und sich dm in zehn Jahren vorstellen, was sehen Sie da? Wie sehen die Läden aus? Wie geht es dem Unternehmen als Ganzes?

▶ Wenn Sie mir sagen, wie die Kunden in zehn Jahren sind, dann kann ich es Ihnen sagen. Aber auch Sie wissen wahrscheinlich nicht, wie die Kundenwünsche in zehn Jahren sein werden. Ich denke, es ist klug, bei dieser Frage ehrlich zu sein und nicht so zu tun, als könnten wir in die Zukunft schauen.

Sie steuern also ohne Zielbild in die Zukunft?

▶ Unser Ansatz bei dm ist es, uns so aufzustellen, dass wir mit den künftigen Entwicklungen umgehen werden können, auch wenn wir sie noch nicht kennen. Dass wir also eine lernende Organisation bleiben. Dass wir uns frühzeitig mit Trends und Entwicklungen beschäftigen. Dass wir immer experimentierend durch das Geschäftsjahr gehen. Das ist auch der Grund, warum wir bei dm eine sogenannte restriktive Planung und keine Ehrgeizplanung haben. Also eine Planung, die es uns ermöglicht, mit dem Rückenwind eines besseren Geschäftsverlaufes als ursprünglich geplant Chancen kurzfristig zu ergreifen, um geistesgegenwärtig für unsere Kunden auch kurzfristig noch besser einen positiven Unterschied machen zu können. In anderen Unternehmen habe ich Ehrgeizplanung erlebt: Es wurden hohe Ziele gesteckt und variable Einkommensbestandteile an deren Erreichung geknüpft. Wenn dann das erste Quartal im Ertrag unter Plan geblieben ist, wurde sparend durch das verbleibende Geschäftsjahr gewirtschaftet, um die Ertragsziele doch noch zu erreichen. Für kurzfristige Chancen, die bei der Planung nicht absehbar gewesen waren, verblieb damit kein Budget mehr und sie wurden ignoriert. Die Folge: eine Arbeitsgemeinschaft, die sich zunehmend mit sich selbst und der Planung beschäftigt und die Chancen des Marktes ungenutzt

»*Ein neuer Markt muss spätestens in zehn Jahren unter Vollkosten Gewinn erwirtschaften.*«

Christoph Werner (2. von rechts) besucht einen kroatischen dm-Markt

lässt. Und am Ende wundern sich alle, warum Unternehmen nicht mehr innovativ sind und fest im Griff einer Absicherungsmentalität. Unser Zielbild ist es daher, als lernende Organisation konsequent kundenorientiert und innovativ zu bleiben. Denn dann werden wir auch in zehn Jahren noch im unendlichen Spiel des Wettbewerbs gut bestehen.

Ein typischer Christoph-Werner-Tag

Wie sieht ein typischer Arbeitstag bei Ihnen aus?
▶ Es kommt darauf an, ob ich in Karlsruhe im dialogicum bin oder unterwegs. Gehen wir mal davon aus, dass ich in Karlsruhe bin. Dann bin ich so gegen 8 Uhr im Büro. Als Erstes schaue ich in meine Mails und dort in die Kennzahlenberichte, die mir automatisch morgens um 4 Uhr zugesendet werden.

Welche Kennzahlen sind das?
▶ Es sind die Zahlen, die einen Überblick über den Kundenzuspruch insgesamt ermöglichen und darüber, wie er sich auf unsere wirtschaftlichen Spielräume auswirkt. Konkret also im Vergleich zum Vorjahrestag für das stationäre und das Online-Geschäft die Entwicklung der Umsätze, der Mengen, der Kundenbons, der Durchschnittswarenkörbe, der Handelsspanne und des Rohertrages. Zusätzlich für den Onlineshop die Top-20-Artikel im Abverkauf, die Retourenquote und die unterschiedlichen Bestellarten. In wöchentlichen Abständen schaue ich mir die Entwicklung der unterschiedlichen Warengruppen an, um zu verstehen, welche zur Umsatzdynamik beitragen und welche an Fahrt verlieren. Ebenfalls jeden Tag schaue ich mir die Umsätze der neu eröffneten Märkte an und die Länderreports, die die Entwicklungen in den Auslandsmärkten zusammenfassen. Auch die geplanten Preisveränderungen interessieren mich. Preiserhöhungen sind bei uns grundsätzlich rot in den Reports markiert …

... weil unerwünscht.
▶ Ja, Preissenkungen sind mir lieber. Sie sind grün markiert. Wenn ich Auffälligkeiten in den Berichten sehe, schaue ich direkt in weitere Reports oder schicke Fragen per Mail an die für den Sachverhalt Verantwortlichen. Ordne ich den Sachverhalt als dringend ein, rufe ich direkt an.

Ein beachtliches Programm für den ersten Kaffee am Morgen!
▶ Das klingt aufwendiger, als es für mich ist. Man bekommt Routine. Auf Monatsbasis gibt es weitere Reports. Etwa die Unterschiede in den Anteiligkeiten der Warengruppen zwischen dem stationären und dem Online-Geschäft. Oder auch die Abverkaufszahlen neu ins Sortiment aufgenommener Artikel.

Andere lesen morgens einfach die Zeitung.
▶ Ein Überblick über die Nachrichtenlage gehört natürlich auch dazu. Medien sind mir wichtig. Ich sehe mir meistens die Newsletter an, die von verschiedenen Medien morgens kommen.

Welche Medien sind das?
▶ Das sind das *Handelsblatt*, die *Süddeutsche Zeitung*, die *Lebensmittel-Zeitung*, die *Neue Zürcher Zeitung*, das *Wall Street Journal* und *Media Pioneer*. Dann habe ich einen ganz guten Überblick. Je nach Tagesablauf lese ich das auf dem Smartphone oder dann im Büro am Bildschirm. Außerdem kommen morgens die Presseclippings, also die Artikel, die am vergangenen Tag über uns und die wesentlichen Mitbewerber erschienen sind. Auf dem Weg zur Arbeit höre ich meistens Podcasts. Meistens den Podcast von Gabor Steingart, der morgens um sieben online gestellt wird. Wenn ich mit dem Auto fahre, höre ich den halben Podcast auf dem Hinweg und auf dem Rückweg die an-

dere Hälfte. Wenn ich mit dem Fahrrad fahre, schaffe ich den ganzen Podcast auf dem Hinweg.

Nun sind Sie also im Büro, haben die Umsätze und die Schlagzeilen gecheckt. Wie geht es weiter?
▶ An einem normalen Tag habe ich dann viele Termine und finde online eingestellt dazu die entsprechenden Unterlagen. Mein Sekretariat organisiert selbstständig meinen Terminkalender und sortiert meine E-Mails vor oder versorgt sie direkt. In meinem E-Mail-Postfach sind die für mich relevanten Mails damit thematisch einsortiert. Besonderes Augenmerk lege ich auf die Postfächer »Dringend« und »ASAP«. Die dringenden Angelegenheiten sind wichtig und zeitkritisch und erfordern eine schnelle Reaktion von mir. Die Mails im Postfach ASAP sind zwar auch wichtig, aber nicht so zeitkritisch. In diese schaue ich rein, sobald ich zwischen Terminen die Zeit dazu finde. Große Ordner und Aktenstapel finden Sie bei mir eigentlich nicht, das läuft alles papierlos.

Viele Unternehmer, mit denen ich rede, sagen, dass sie zwar gern viel leisten, dass aber das Ausmaß, mit dem sie belastet sind, nicht mehr gesund sei. Hat die Arbeit bei Ihnen noch ein gesundes Maß?
▶ Ich denke, es ist gesund, wenn ich abends immer wieder zu dem Schluss komme: Ja, das war ein gelungener Tag!

So erfüllend die Arbeit auch sein mag – irgendwann muss man sie auch mal ruhen lassen und etwas anderes machen. Was machen Sie in der Freizeit?
▶ Ich bin begeisterter Skifahrer und bestaune die Unterwasserwelt in Tauchurlauben. Außerdem habe ich einen Segelschein.

Und auch ein Segelboot?
▶ Nein, wenn wir in den Segelurlaub fahren, chartern wir ein Segelboot. Ansonsten lese ich sehr gerne. Ich entspanne mich auch gern in der Sauna, beim Joggen oder Schwimmen. Und ich mache Spaziergänge, sehr gern mit meiner Frau und oft auch mit unserem Hund. Wobei meine Frau mit dem Hund besser kann als ich, sie trainiert ihn einfach häufiger.

Auf Sie hört er also nicht?
▶ Ich lasse mich von ihm um den Finger wickeln.

Ein Segelboot haben Sie also nicht. Gibt es andere materielle Dinge, die Ihnen besonders am Herzen liegen? Autos? Häuser?
▶ Da gibt es eigentlich nichts. Klar, wir haben eine Eigentumswohnung, aber ansonsten habe wir uns mit Anschaffungen sehr zurückgehalten. Meine Frau und ich haben darüber gesprochen, wie es wäre, irgendwo ein Ferienhaus zu haben. Oder ein Segelboot. Aber um solche Dinge müssten wir uns dann auch kümmern, und bevor wir uns versehen, hasten wir dann von Ort zu Ort. Am Ende hätten wir gefühlt wohlmöglich keine richtige Heimat mehr. Uns ist es wichtig, einen echten Lebensmittelpunkt zu haben. Andere Menschen mögen es schön finden, an Wochenenden oder in Kurzurlauben immer wieder ins Ferienhaus oder in die Ferienwohnung nach Mallorca zu düsen. Wir wollen das nicht. Wir haben, was wir brauchen, um zusammen glücklich zu sein: Wir haben eine schöne Wohnung, wir fühlen uns wohl in Karlsruhe, wir können unsere Fahrräder nehmen und durch die Gegend düsen, und wir können unsere Freunde besuchen. Es ist mir wichtig, die Dinge eher simpel zu halten. Das ist auch der Grund, warum ich beispielsweise bisher keinen Fahrer habe. Ich diskutiere das gelegentlich mit meiner Frau, die sich natür-

lich auch Sorgen macht, wenn ich nach einem Termin spät abends noch lange nach Hause fahre. Aber wenn wir mal anfangen, uns mit solchen Annehmlichkeiten zu umgeben, gewöhnen wir uns sehr schnell dran.

Trotzdem muss man nicht alles selbst machen. In anderen Bereichen werden Sie auch Leute haben, die Dinge für Sie erledigen.
▶ Klar. Aber vielleicht ist der Fahrer hier einfach der falsche Ansatz. Wenn ich merke, dass das viele Autofahren für mich zu einer Belastung wird, dann sollte ich das Problem nicht dadurch lösen, dass ich einen Fahrer einstelle. Ich sollte besser mal darüber nachdenken, was ich am eigentlichen Problem, nämlich den vielen Fahrten, ändern kann. Zum Beispiel könnte ich anders arbeiten. Oder noch bewusster auswählen, welche Termine ich tatsächlich persönlich wahrnehme. Wenn ich an meine Grenzen komme, dann ist es nicht klug, diese Grenzen durch solche Maßnahmen immer weiter auszureizen. Als Nächstes bräuchte es dann wahrscheinlich einen Helikopter oder einen Firmenjet, um all den Verpflichtungen noch gerecht zu werden. Richtiger scheint mir, am Was der Aufgabe und nicht nur am Wie zu arbeiten. Denn dadurch entsteht positive Veränderung. Daher halte ich es lieber simpel.

Diese Einstellung haben Sie von Ihrem Vater, glaube ich. Nach einem Interview mit Ihrem Vater habe ich zu meiner Frau gesagt: Man müsste dem Milliardär Götz Werner mal eine neue Aktentasche schenken, so abgewetzt war die.
▶ Bodenständigkeit war auch ihm wichtig. Das hat handfeste Vorteile. Ich fahre zum Beispiel auch gern mit der Straßenbahn zur Arbeit und versuche, bei Terminen in anderen Städten das Taxi zu vermeiden und stattdessen den ÖPNV zu nutzen. Da bin ich nah an den Menschen,

nah an unseren Kunden. Ich sehe die jungen Menschen, sehe, dass sie ständig auf TikTok sind. Ich höre, wie sie sich unterhalten, wie sie sich geben, was ihnen wichtig ist, wie viele Tattoos sie haben. Es ist auch mal gut, ins Freibad zu gehen, da kann man den Körperkult studieren, was für den Drogisten nicht unwichtig ist. Ich beobachte so oft, dass Menschen, die vermögend geworden sind oder das Glück hatten, in eine reiche Familie geboren zu sein, sich sehr schnell in ihrer Glückselite einrichten.

Glück ist doch schön.
▶ Ja. Aber aus dem Glück etwas zu machen, das halte ich für wichtig.

Für die Menschen da sein

Bei dm geht man achtsam miteinander um, man bemüht sich um die Umwelt und predigt das bedingungslose Grundeinkommen, das jeder bekommen soll, ohne zu arbeiten. Sind Sie ein Gutmensch?
▶ Was ist ein Gutmensch? Das Wort »Gutmensch« ist schon ein Ungetüm, weil es zwei großartige Dinge, den Menschen und das Gute, zu etwas Negativem verknüpft. Als Gutmensch wird meist jemand bezeichnet, der zwar gutgemeinte Ziele hat, diese aber naiv verfolgt. Ich denke, das trifft auf mich und die Menschen bei dm nicht zu. Was dm auszeichnet, ist unser Bestreben, vom Menschen aus zu denken. Denn für die Menschen sind wir da. Je besser wir Menschen verstehen, umso besser können wir für Menschen den positiven Unterschied machen. Und um Leistung zu erbringen, sind wir auf Menschen angewiesen. Die Auseinandersetzung mit der Frage, was der Mensch in unserem Verständnis ist, ist für uns daher essenziell. Wir bemühen uns in unserem Denken also, von unserem Menschenverständnis zu kommen und nicht vom System entstandener Strukturen. In Unternehmen wird oft vom System aus, von den Prozessen aus gedacht und gehandelt. Dann müssen sich die Menschen an die Prozesse anpassen und nicht die Prozesse an den Menschen.

Prozesse sind aber auch wichtig. Sonst läuft gar nichts.
▶ Natürlich sind Prozesse wichtig. Sie sind gute Diener, aber schlechte Herren. Dieses Grundverständnis ist wichtig, damit die Organisation veränderungsfähig bleibt. Auf den Menschen fokussiert zu sein, ist

sehr, sehr lebenspraktisch. Das ist nicht gefühlsschwelgerisch oder versponnen. Und mit Gutmenschentum hat das auch nichts zu tun. Wir setzen auf die Einsichtsfähigkeit im Menschen; daher gibt es weniger Ansagen und mehr Beratung in der Zusammenarbeit, mehr Ausprobieren statt starre Prozesse, mehr Subsidiarität statt Zentralismus. Und noch mal: Das machen wir nicht, weil wir irgendwie esoterisch angehaucht wären. Wir tun dies, weil wir wissen, dass es der erfolgversprechende Weg ist. Wirtschaft und Mensch, das ist per se kein Widerspruch, sondern kann sich zum Wohle aller verstärken. Die Probleme entstehen meist durch die Verkürzung: Nehmen Sie beispielsweise die Kennzahl Gewinn in einem Unternehmen. Gewinn ist notwendig, damit Unternehmen auf Dauer bestehen können. Aber die Verkürzung des Unternehmenszwecks auf die finanzielle Gewinnerzielung führt über kurz oder lang auf Abwege. Wenn wir den Gewinnbegriff erweitern um den Aspekt der Nutzenstiftung für alle Stakeholder, sind Unternehmen langfristig erfolgreich. Der finanzielle Gewinn ist zwar notwendig, aber nicht hinreichend, um langfristig erfolgreich zu sein.

Sie denken viel über die Mitarbeiter im Unternehmen nach. Was glauben Sie, wie die Mitarbeiter über Sie denken?
▶ Sie meinen, in meinem Wirken bei dm?

In Ihrem Wirken, aber auch in Ihrem Wesen.
▶ Ich hoffe, dass die Menschen, mit denen ich zusammenarbeite, denken, dass ich einen positiven Unterschied mache. Ich bin schon sehr zufrieden, wenn sie sagen: Wenn der Herr Werner dabei ist, dann gelingen die Dinge besser, als wenn er nicht dabei ist. Wenn ich in dm-Märkte komme, habe ich schon den Eindruck, dass sich die meisten Mitarbeiter freuen. Wenn ich im dm-dialogicum in die

Kantine, unser Culinarium komme, dann merke ich, wie die Mitarbeiter auf mich reagieren, ob ich wahrgenommen werde, ob sie das Gespräch suchen.

Haben die Mitarbeiter auch Angst vor dem Chef?
▶ Das kann ich nicht ausschließen. Das liegt dann aber wahrscheinlich an meiner Funktion. Außerdem bin ich jemand, der in Gesprächen gelegentlich auch sehr insistierend nachfragen kann. Das verunsichert vielleicht den ein oder anderen. Ich gebe mich halt oft mit der ersten Antwort nicht zufrieden. Denn mit der ersten Antwort verstehe ich oft noch nicht die Prämissen, die jemand für seine Urteile oder Entscheidungen hat. Erst durch weitere Fragen werden die Prämissen deutlich. Nach meiner Beobachtung sind es vor allem die mehr oder weniger bewussten Prämissen im Kopf, die das Handeln von Menschen bestimmen. Während ich mich selbst an meinen Taten messen sollte, gilt für andere Menschen, dass ich sie vor allem auch an ihren Motiven messen sollte. Denn wenn ich die Prämissen und Motive verstehe, finde ich wieder einen Anknüpfungspunkt, um gemeinsam weiterdenken zu können. Vielleicht bekommen meine eigenen Gedanken dadurch auch eine ganz andere Wendung. Um gut zusammenzuarbeiten, ist es einfach wichtig, zu verstehen, aus welcher Perspektive der andere denkt. Es kann gut sein, dass jemand sich durch solche Nachfragen unter Druck gesetzt fühlt. Es kommt daher darauf an, angemessen empathisch und wohlwollend die Fragen zu stellen. Denn es geht darum, das Wesentliche herauszuarbeiten, nicht die Menschen in die Enge zu treiben.

Mitarbeiter fragen sich oft, ob ihre Arbeit eigentlich sinnvoll ist, ob sie, jenseits der Bezahlung, zu etwas gut ist. Fragen Sie sich auch manchmal, warum Sie das alles tun?

▶ Für mich geht es bei dieser Frage im Kern darum, wie ich auf das Leben schaue: Was mache ich aus der Zeit, die mir geschenkt ist und die irgendwann enden wird? Indem ich älter werde, schaue ich bewusster auf die Zeit, die mir noch verbleibt. Was uns als Menschen m. E. auszeichnet, ist, dass wir uns entwickeln können. Dass wir neue Erkenntnisse gewinnen können. Dass wir den Unterschied machen können. So gesehen ist das soziale Gefüge, in dem wir uns befinden, und dazu würde ich auch ein Unternehmen zählen, eine Möglichkeit, uns selbst zu finden und gleichzeitig auch etwas mitzugestalten. Durch meine Verantwortung, die ich bei dm habe, kann ich sehr viel mitgestalten. Ich kann für viele Menschen einen positiven Unterschied machen und entwickle mich dabei in meinen Fähigkeiten und Erkenntnissen weiter.

Ist Ihnen diese Verantwortung eher Freude oder Last?
▶ Es ist eine Freude, weil daraus viel Positives erwachsen kann. Dass diese Verantwortung auch schwer wiegt, gehört aber auch dazu. Gerade weil so viele Menschen ihre Lebenszeit bei dm einbringen und sich so viele Kundinnen und Kunden auf dm verlassen, habe ich auch vor Augen, wie der Misserfolg von dm diese Menschen negativ treffen würde. Vom Naturell her grüble ich darüber aber wenig nach, sondern konzentriere mich auf die vielen Dinge, die gestaltet werden können. Wenn die Zahlen mal nicht so gut sind wie erhofft, ist das eine Rückmeldung, dass wir am Kunden vorbeigedacht haben und etwas verändern müssen. Es ist gewissermaßen eine Chance, etwas Neues dazuzulernen und uns wieder einen Schritt zu verbessern. Als Unternehmer oder Gesellschafter eines Unternehmens hat man es in der Hand, was geschieht und wie viele Menschen es tangiert. Je mehr das im Vordergrund steht, umso besser geht es uns allen in diesem Land.

Was genau meinen Sie?
▶ Damit meine ich, dass es uns in diesem Land umso besser geht, je mehr wir Unternehmer den Fokus auf das »Unternehmen« und weniger auf das »Nehmen« setzen. Wenn ich gelegentlich mit Eigentümern von Unternehmen zusammensitze, überrascht, dass manche über kurz oder lang fast immer bei einem Thema landen.

Und das wäre?
▶ Autos. Welche Autos man sich gerade gekauft hat, welches Oldtimerrennen sie gerade gefahren sind. Das ist schon erstaunlich. Erstaunlich trivial. Also wenn ich manche Gespräche unter Unternehmern oder anderen Vermögenden verfolge, dann frage ich mich: Wie werden diese Menschen sich fühlen, wenn ihre Zeit irgendwann zu Ende geht?

Das Leben vom Ende her gedacht.
▶ Ja. Warum auch nicht.

Weil es nicht angenehm ist, sich mit der eigenen Vergänglichkeit zu beschäftigen.
▶ Bei uns im dialogicum hängt im Eingangsbereich an der Wand ein Zitat von Theodor Storm: »Der eine fragt: Was kommt danach? Der andere fragt nur: Ist es recht? Und also unterscheidet sich der Freie von dem Knecht.«

Da muss ich jetzt erst mal nachdenken …
▶ Die Frage ist, was einen wirklich freien Menschen ausmacht. Wirklich frei ist, nach Theodor Storm, der, der sich mit den Folgen seines Handelns beschäftigt und dafür Verantwortung übernimmt. Knecht ist hingegen der, der Verantwortung nicht übernehmen möchte oder

es nicht kann, sondern nur den Willen anderer vollstreckt oder sich nach Konventionen richtet. Dem Freien gelingt es, durch Erkenntnis zu gestalten und sich weiterzuentwickeln. Vom Ende her zu denken, hilft, sich der Verantwortung bewusst zu werden.

Und dm ist Ihre große Chance?
▶ Ja, ich sehe eine so große Arbeitsgemeinschaft wie dm als eine große Chance. Wir wollen den zusammenarbeitenden Menschen die Möglichkeit geben, über sich hinauszuwachsen. In der Gemeinschaft kann jeder Ideen und Erkenntnisse einbringen und für gute Ideen Verbündete finden. Als Arbeitsgemeinschaft können wir eine Wirkung erzeugen, die der Einzelne so nie erreichen könnte. Gemütlich ist das nicht, und natürlich bedarf es manchmal auch der Überwindung, sich immer wieder neu einzubringen und sich nicht einfach auf den Zusammenarbeitsprozessen auszuruhen. Mir geht es manchmal auch so: Es ist Wochenende und die Sonne scheint, man könnte auch etwas anderes machen, aber man setzt sich noch mal hin und schreibt noch mal eine Notiz, fragt jemanden, ob es wirklich so eine gute Idee ist, die Dinge so oder so zu machen. Wir haben es erst kürzlich in Düsseldorf bei der Verleihung des Deutschen Umweltpreises wieder erlebt. Sie waren ja auch da und konnten diese vielen Beispiele von Unternehmen sehen, die wirklich durch gute Arbeit den Unterschied machen. Das ist großartig, das begeistert mich. Das ist die richtige Haltung. So sollte man seiner Verantwortung im Unternehmen und als Unternehmen gerecht werden.

Ist diese Einstellung den Mitarbeitern wichtig, die zu Ihnen kommen?
▶ Ja. Das können wir wirklich beobachten, gerade auch bei den jüngeren Leuten. Gerade auch bei der Generation Z.

Ich habe Sie nach dem Grund gefragt, warum Sie die Verantwortung in der Spitze von dm übernommen haben, und Sie haben aus der Mitarbeiterperspektive geantwortet. Das finde ich interessant. Sie hätten auch sagen können, Sie machen das, weil Ihnen das Unternehmen am Herzen liegt. Oder die Versorgung der Kunden mit Ihren Produkten.

▶ Am Ende geht es immer um Beziehungen zwischen Menschen, bei denen einer eine bestimmte Leistung liefert und der andere diese als Kunde abnimmt. Kunden in diesem Sinne können auch die Mitarbeiter oder Lieferanten sein. Bezogen auf die Produkte, also die Sortimente: Wir können dann mit unseren Sortimenten gut sein, wenn die Mitarbeiter bei dm initiativ werden. Und zwar alle Mitarbeiter, damit die Leistung im dm-Markt dann auch erlebbar wird. Nehmen Sie die Nachhaltigkeit. Es müssen nicht nur die unmittelbar für Nachhaltigkeitsfragen verantwortlichen Mitarbeiter aktiv werden, sondern möglichst viele Menschen im Unternehmen, wenn wir bei der Nachhaltigkeit große Schritte machen wollen. Voraussetzung dafür aber ist, dass der Einzelne erleben kann, dass er den Unterschied macht. Dass es sich also lohnt, sich bei dm einzubringen.

»Hier ist des Volkes wahrer Himmel, zufrieden jauchzet groß und klein, hier bin ich Mensch, hier darf ich's sein!« Dass dm-Gründer Götz Werner diese Frühlingsgefühle von Goethes Faust augenzwinkernd zum dm-Werbeslogan umdichtete (»Hier bin ich Mensch, hier kauf ich ein«) lehrt uns dreierlei: Er hatte Humor. Er liebte Faust. Und es ging ihm immer um mehr als nur darum, eine große Drogeriekette zu errichten. Der Mensch zählt.

Götz Werner war ein Goethe-Fan und er lebte, so sagt sein Sohn Christoph, das faustische Prinzip: das rastlose Streben nach neuer Erkenntnis also, die ständige Suche als Ziel. Er habe nie aufgehört, Dinge infrage zu stellen, nach dem Besseren zu suchen. Damit haben er, sein Sohn und die Zehntausenden Mitarbeiterinnen und Mitarbeiter dm zu dem außergewöhnlichen Unternehmen gemacht, das es heute ist.

VIERTES KAPITEL

Gesellschaftliche Herausforderungen

Das bedingungslose Grundeinkommen: für die Würde des Menschen

Seit die Coronapandemie und Russlands Angriff auf die Ukraine die Welt erschüttert haben, verbreitet sich ein neues Schlagwort: Stapelkrise. Verschiedene Krisen finden gleichzeitig statt, überlagern sich, verstärken sich. Pandemie, Krieg, Klimawandel, Inflation, Flüchtlinge, Fachkräftemangel, Energiekrise, Populismus, Lieferkettenprobleme – um nur mal einige Krisen zu nennen. Was meinen Sie: Kommen wir da wieder raus oder ist die Krise im Zehnerpack die neue Normalität?

▶ Wir gehen bei dm davon aus, dass Umbrüche und überraschende Wendungen die neue Normalität sein werden. Um unter diesen Bedingungen erfolgreich zu bleiben, müssen Unternehmen anpassungsfähig sein. Bei dm arbeiten wir daher permanent daran, unsere Lernfähigkeit weiter auszubauen.

Wer Geld und Bildung hat, kann oft noch ganz gut durch die Krisen navigieren. Viele andere aber sehen das Leben, das sie kannten, wegbrechen. Was tun?

▶ Bildung ist das Fundament einer modernen und prosperierenden Gesellschaft. Meine persönliche Meinung ist es, dass wir dieser Aufgabe mit mehr Bildungspluralismus begegnen sollten. Denn auf diese Weise werden sich erfolgreiche Bildungsansätze durchsetzen können und im wahrsten Sinne des Wortes Schule machen.

Wäre das bedingungslose Grundeinkommen eine Antwort auf die Ära der Multikrisen? Ihr Vater hat für diese Idee in der Öffentlichkeit über viele Jahre geworben. Hat jetzt die Stunde für diese Idee geschlagen?
▶ Es ist sicher höchste Zeit, dass wir uns mit neuen Ideen stärker beschäftigen. Das bedingungslose Grundeinkommen halte ich für eine der Ideen, mit denen wir uns mehr und vor allem konstruktiv beschäftigen sollten. Denn wenn unser derzeitiges System an seine Grenzen gerät und wir erst dann anfangen, uns mit alternativen Lösungen zu beschäftigen, ist mit enormen gesellschaftlichen Verwerfungen zu rechnen. Wir sollten uns mit der Frage beschäftigen, was die besten Rahmenbedingungen sein könnten, um die auf uns zukommenden Veränderungen konstruktiv nutzen zu können. Gleichzeitig sollten wir Rahmenbedingungen schaffen, damit sich Menschen mit ihren Talenten möglichst optimal einbringen können. Das bedingungslose Grundeinkommen hält hier Lösungsvorschläge bereit.

Das Grundeinkommen soll es ermöglichen, dass Menschen zumindest rudimentär abgesichert sind und darauf aufbauend einer Tätigkeit nachgehen können, die wirklich ihren Begabungen entspricht. Das klingt gut, aber funktioniert es auch in der Praxis?
▶ Wie gut es funktioniert, wenn Menschen sich entsprechend ihrer Begabungen engagieren und sich aus eigenem Antrieb enorm einsetzen, das zeigt z.B. der soziale Bereich, wo Menschen unglaublich viel leisten. Viel mehr, als sie laut Arbeitsvertrag leisten müssten. Die Menschen tun dies, weil sie einfach diesen Anspruch an sich selbst haben. Oder denken Sie beispielsweise an Hochschulprofessoren. Deren Arbeitsverträge regeln wenig konkret, was sie leisten müssen, und trotzdem erbringen sehr viele aus eigenem Antrieb

Höchstleistungen. Man gibt ihnen Freiheiten, damit sie frei forschen und lehren können, und in aller Regel wird diese Freiheit nicht missbraucht. Das führt natürlich zu der Gretchenfrage: Würde die breite Masse der Menschen erschlaffen, wenn man ihnen bedingungslos die Lebensgrundlagen absichert, oder würden sie erblühen? Skeptiker sagen: Na, dann schauen Sie doch mal bloß, wie die meisten Menschen arbeiten. Die fragen schon im Einstellungsgespräch nach der Möglichkeit eines Sabbaticals und nach der Work-Life-Balance. Die Menschen müssen durch Existenzsorge dazu gezwungen werden, zu arbeiten. Wenn man so denkt, dann kommt man natürlich zu dem Schluss, dass ein bedingungsloses Grundeinkommen keinen Sinn ergibt. Das aber ist nicht mein Menschenbild. In den Menschen steckt der Wille, sich einzubringen und zum Ganzen etwas beizutragen, wenn die Rahmenbedingungen nicht die falschen Anreize setzen. Nur weil Menschen sich heute in einer gewissen Art und Weise verhalten, muss dies nicht zwingend so sein.

Bleibt die Frage, wie man ein pauschales Einkommen für alle Bürger finanzieren könnte.
▶ Ich bin der Meinung, dass wir das Ganze mit einer großen Steuerreform kombinieren müssten. Wir müssten die Besteuerung im Grundsatz konsequent auf Mehrwertsteuer umstellen, die dann natürlich höher wäre, weil alle im Nettopreis verkalkulierten Steuern als Mehrwertsteuer ausgewiesen würden. Wer viel konsumiert, bezahlt mehr Steuern als einkommensschwächere Menschen, die weniger konsumieren. Ein bestimmter Sockel des Konsums müsste steuerfrei sein, damit Menschen, die ihr gesamtes Einkommen für Konsum aufwenden müssen, nicht auf ihr Einkommen bezogen den höchsten Steuersatz durch die Mehrwertsteuer zu zahlen

»Diesem Land geht es umso besser, je mehr
wir Unternehmer den Fokus auf das ›Unternehmen‹
und weniger auf das ›Nehmen‹ setzen.«

Bundeskanzler Olaf Scholz und Christoph Werner
beim 50. Firmenjubiläum 2023 im Gespräch mit Mitarbeitenden

»Man hatte Ware bestellt, dann aber ist jemand
anderes zum Flughafen gefahren, hat Geld
auf den Tisch gelegt – und die Masken waren weg.«

Christoph Werner und der damalige Bundesgesundheitsminister Jens Spahn
eröffnen 2021 das 100. Corona-Schnelltestzentrum von dm in Berlin

hätten. Für diesen theoretischen steuerfreien Konsum würde man die Mehrwertsteuer monatlich zurückerstattet bekommen. Das wäre dann gleichbedeutend mit einem bedingungslosen Grundeinkommen. Die Möglichkeit, hinzuzuverdienen, würde weiterhin bestehen. Natürlich ist das ein ungewöhnlicher Ansatz, aber er ist mal ein anderer Weg, darüber zu denken. Damit kämen wir dem im Grundgesetz formulierten Artikel 1 konkret noch einen Schritt näher.

Inwiefern?

▶ Die Mütter und Väter des Grundgesetzes haben diese großartigen Sätze hineingeschrieben: »Die Würde des Menschen ist unantastbar. Sie zu schützen, ist Aufgabe jeglicher staatlichen Gewalt.« Ist es mit der Würde des Menschen vereinbar, dass viele Menschen durch Arbeitslosigkeit oder auch durch geringe Einkommen wirtschaftlich stark unter Druck geraten? Oder dass sie sich ziemlich würdelosen Prozeduren unterwerfen müssen, um an staatliche Hilfe zu kommen? Ist es richtig, dass das Finanzamt jeden Bürger so durchleuchtet, um alle seine Einkommen zu erfassen? Ist das denn die Art von gesellschaftlichem Miteinander, die wir wirklich wollen? Es ist durchaus sinnvoll, nachzudenken, ob es nicht ganz andere Wege gäbe, eine prosperierende Gesellschaft zu organisieren. Gerade auch im Umfeld der Unternehmer und Eigentümer, in dem ich mich häufig bewege, erlebe ich da aber sehr, sehr wenig Verständnis. Da herrscht oft eine sehr patriarchale Sicht auf die Menschen.

Von Ihnen war bislang über das Grundeinkommen in der Öffentlichkeit nicht viel zu hören. Warum?

▶ Wenn ich in der Öffentlichkeit spreche, werde ich automatisch mit dm in Verbindung gebracht. Ich spreche also auch für die 72.000

Kolleginnen und Kollegen von dm. Wenn ich mich dann für eine politische Idee wie das Grundeinkommen ausspreche, ist das heikel. Denn es gibt bei dm sicherlich auch andere Meinungen. Das muss ich respektieren und darf nicht dm und die vielen Kolleginnen und Kollegen für eine gesellschaftspolitische Idee vereinnahmen. Wir haben als dm zunächst die Aufgabe, für unsere Kundinnen und Kunden da zu sein mit dem Ziel, einen positiven Unterschied zu machen. Insofern halte ich es nicht für richtig, dm für gesellschaftspolitische Ansätze zu instrumentalisieren, die zudem auch noch kontrovers diskutiert werden. Aber Sie haben mich nach dem bedingungslosen Grundeinkommen gefragt, und daher sage ich Ihnen, was ich davon halte.

Ihr Vater war da nicht so zurückhaltend.

▶ Bei ihm war das anders, denn er war im Unternehmen nicht mehr operativ tätig, als er öffentlich so stark für das bedingungslose Grundeinkommen warb. Er hat nicht als Vorsitzender der Geschäftsführung von dm gesprochen, sondern als Gründer von dm. Das ist ein großer Unterschied.

Klimaschutz: durch technische Lösungen

Ganz anders machen müssen wir die Dinge auch beim Klimaschutz. Laufen die Dinge wie in den letzten Jahren, bleibt die Klimaneutralität Europas 2050 eine Illusion. Ist das Ziel überhaupt noch zu schaffen?

▶ Ich habe die Zuversicht nicht aufgegeben, dass wir das Klimaproblem lösen können.

Woher der Optimismus?

▶ Weil ich an die Ideenkraft der Menschen glaube, wenn es darum geht, technische Lösungen zu entwickeln. Aber die Rahmenbedingungen dafür müssen natürlich stimmen. Es über Konsumeinschränkung zu versuchen, macht m. E. allein schon deswegen keinen Sinn, weil die dadurch theoretisch eingesparten fossilen Energieträger dann an anderen Stellen in der Welt fröhlich verfeuert werden würden, wenn dort Umweltschutz der Steigerung des Lebensstandards der Bevölkerung untergeordnet wird. In diesem Fall hätten wir mit Zitronen gehandelt. Viel besser ist es, wenn wir hier in Deutschland Technologien entwickeln, mit denen wir eine echte Kreislaufwirtschaft auch bei CO_2 erreichen, und diese dann in die Welt exportieren. Das ist wirtschaftlich für uns besser und hilft dem Klima nachhaltig.

Das klingt, als könnten wir mit genialer Technik die Klimaprobleme einfach wegzaubern. Ganz ohne Verzicht und Wohlstandsverlust. Ist das nicht ein bisschen zu schön, um wahr zu sein?

*»Ich glaube an die Ideenkraft der Menschen,
wenn es darum geht, technische Lösungen zu entwickeln.«*

Expresszustellung von dm-Produkten per E-Bike in Karlsruhe

▶ Ich wüsste nicht, warum wir beim Klimaschutz mit einem Mal zu Technologiepessimisten werden sollten. Bemerkenswert finde ich, dass Aufgabenstellungen technisch oft letztendlich ganz anders gelöst wurden, als man zunächst dachte. Dies liegt daran, dass bei Technologieoffenheit parallel unterschiedliche Entwicklungsstränge verfolgt werden, die dann miteinander in Wechselwirkung treten können und Lösungen ermöglichen, die sich zu Anfang niemand vorstellen konnte.

Muss denn nicht manchmal auch einfach was verboten werden, damit wir vorankommen? Gasheizungen? Verbrennerautos? Gase, die die Ozonschicht zerstören, wurden auch verboten. Die Industrie hat sich schnell Alternativen überlegt und der Ozonschicht geht es schon wieder viel besser.

▶ Verbote sollten auf die Folgen, nicht auf die technischen Lösungen abzielen. Schließlich wurden bei den Kühlschränken nicht Kühlmittel generell verboten, sondern solche, welche negative Auswirkungen auf die Ozonschicht hatten. Andernfalls gäbe es heute keine mit Kühlmitteln betriebenen Kühlschränke mehr. Beim Umgang mit Klimawandel und CO_2-Zielen kommen wir ganz schnell an die Frage: Liberale Demokratie oder Ökodiktatur? Das ist die große gesellschaftliche Frage, die wir bei der gegenwärtigen Diskussion nicht aus den Augen verlieren dürfen. Mit einer Ökodiktatur werden wir die Klimaziele eher nicht erreichen, weil der Staat kein guter Unternehmer ist. Die Ergebnisse wären unzureichend und der gesellschaftliche Kollateralschaden immens. Was wir brauchen, ist vielfältige unternehmerische Initiative. Gibt es Technologieoffenheit und einen intelligenten regulatorischen Rahmen, treten Unternehmen und Technologien gegeneinander an, und es setzt sich durch, was Sinn ergibt. Die Alternative sind dirigistische Eingriffe. Die parlamentarische Mehrheit einer Legislaturperiode sagt: Zu viele Menschen wollen Klimaschutz nicht, also müssen wir sie zwingen. Das aber lassen sich viele Bürgerinnen und Bürger nicht gefallen. Sie wählen daraufhin Parteien, die versprechen, sie hierzu nicht zu zwingen. Dann hat sich das mit dem Klimaschutz erledigt.

Haben Sie mal ausgerechnet, für wie viele Tonnen CO_2-Ausstoß dm direkt – also als Unternehmen – und indirekt – also mit den Produkten – verantwortlich ist?
▶ Mittlerweile arbeiten wir intensiv an Methoden, um das wirklich konkret zu erfassen. Durch die Vielzahl an Artikeln in unserem Sortiment ist das allerdings eine ziemliche Herkulesaufgabe. Wir machen aber Fortschritte.

Nach dem, was Sie eben gesagt haben, gehe ich davon aus, dass Sie nicht beabsichtigen, Ihre Kunden zum Klimaschutz zu zwingen. Wie also wird dm in den nächsten Jahrzehnten komplett klimaneutral?

▶ Unsere Aufgabe ist es nicht, die Kunden zu irgendetwas zu zwingen, sondern als Händler Angebote zu schaffen, die wir vertreten können und die für unsere Kunden attraktiv sind. Wir verstehen es als unsere Aufgabe, solch ein attraktives Angebot so bald wie möglich zu machen. Es ist ja nicht so, dass unsere Kunden gerne möglichst viel CO_2 in die Atmosphäre blasen wollen. Sie wollen ein selbstbestimmtes und nach ihren Maßstäben gutes Leben führen. Unsere Aufgabe ist es, dabei zu helfen, dass es, bezogen auf den drogistischen Bedarf, möglichst wenig die Umwelt belastet.

»*Mit einer Ökodiktatur werden wir die Klimaziele nicht erreichen, weil der Staat kein guter Unternehmer ist.*«

Christoph Werners Lieblingsprodukt:
Haferdrink als klimafreundliches Konzentrat

Russlands Angriff auf die Ukraine

Statt in den Klimaschutz investiert die Welt gerade Unsummen in Aufrüstung. Was hätten Sie gedacht, wenn Ihnen jemand vor zwei Jahren gesagt hätte, dass Russland die Ukraine überfallen würde?
▶ Ich hätte es nicht geglaubt. Ich wusste, dass es theoretisch möglich ist, hielt es aber für sehr unwahrscheinlich.

Sind Sie froh, dass Sie nicht die Pläne Ihrer Kindheit wahr gemacht haben und Kampfpilot bei der Bundeswehr wurden?
▶ Wenn ich es geworden wäre, wäre ich aufgrund meines Alters jetzt schon nicht mehr im Cockpit eines Kampfjets. Aber davon mal abgesehen: Generell halte ich es für wichtig, dass die Bundeswehr von unserer Gesellschaft getragen wird. Die Aussetzung der Wehrpflicht halte ich aus diesem Grunde für einen großen Fehler. Diese Entscheidung hatte in der Folge enorme Auswirkungen auf mehreren Ebenen. Der Afghanistaneinsatz wäre sicherlich nicht so lange gegangen, wenn wir dort Wehrpflichtige hingeschickt hätten. Der Einsatz hätte für eine viel größere gesellschaftliche Diskussion gesorgt, und ich denke, das wäre gut gewesen. Ich glaube auch, dass wir im Gesundheitswesen in einer ganz anderen Situation wären, weil der Zivildienst für viele ein Einstieg in diesen Sektor war. Viele Menschen haben soziale Berufe dort kennengelernt und sich danach für diesen Bereich entschieden. Das Problem der Wehrgerechtigkeit, das als Begründung für die Aussetzung der Wehrpflicht damals angeführt wurde, hätte man anders lösen können.

Nun haben wir also diesen Krieg in der Ukraine, der schon fast an Märkte heranreicht, in denen Sie auch sehr aktiv sind: Polen, Slowakei, Ungarn, Rumänien. Machen Sie sich Sorgen um diese Auslandsmärkte?
▶ Sie meinen, wegen eines Übergreifens des Krieges?

Ja – und auch wegen anderer Einflüsse. Chaos durch Flucht und Vertreibung, wirtschaftliche Verwerfungen.
▶ Die wirtschaftlichen Auswirkungen halten sich dort bislang in Grenzen, auch wenn viele Kriegsflüchtlinge in die Länder gekommen sind. Vom schlimmsten Fall, also einem Übergreifen des Krieges auf die NATO-Länder, gehe ich derzeit nicht aus.

In der Ukraine gibt es dm nicht, aber in umliegenden Ländern. War es eine bewusste Entscheidung, in osteuropäische Länder zu gehen, die NATO-Mitglieder sind, weil die Gefahr eines Krieges dort geringer ist?
▶ Nein, NATO-Mitgliedschaft hat keine Rolle gespielt. Wir sind zum Beispiel auch in Serbien, das nicht in der NATO ist. Wir sind in den Ländern in Osteuropa, weil nach dem Fall des Eisernen Vorhangs und den gesellschaftlichen Umbrüchen gute Chancen für einen erfolgreichen Markteintritt von dm bestanden. Als wir erlebten, wie gut dm bei den Menschen ankam, sind wir behutsam auch in weitere Länder eingetreten.

Mir hat eine Mitarbeiterin einer dm-Filiale erzählt, dass die Kunden während der Pandemie sehr angespannt, oft aggressiv gewesen seien. Sie sagte: »Ich bin manchmal zum Weinen in den Personalraum gegangen.« Es sei nicht mehr die dm-Atmosphäre gewesen, die sie früher kannte. Haben Sie das auch gehört?

*»Durch meine Verantwortung, die ich bei dm habe,
kann ich sehr viel mitgestalten.«*

Hilfsaktion österreichischer dm-Märkte zugunsten ukrainischer Flüchtlinge

▶ Ja, während der Pandemie waren auch viele Bürgerinnen und Bürger emotional extrem angespannt. Dies konnten wir daher auch im Kundenverhalten beobachten.

Heute sei die Stimmung in der Filiale wieder besser, sagt die Mitarbeiterin. Lernen die Menschen schon, mit den Krisen besser umzugehen? Glücklich sein trotz Krieg und Unsicherheit?
▶ Eine der menschlichen Fähigkeiten ist es, sich dann doch recht schnell wieder auf eine neue Situation einzustellen und zu lernen, damit umzugehen. Ich denke, das ist auch gut so!

Hier bin ich Mensch ...

Der Slogan »Hier bin ich Mensch, hier kauf ich ein« ist gut, reicht aber nicht an das wunderbare Original von Goethe heran: »Hier bin ich Mensch, hier darf ich's sein«. Das steht für mich für ein tiefes Glücklichsein. Wie erreicht man das? Allein mit Shopping bei dm wohl eher nicht.

▶ *(Lacht)* Ich sage mal: Das Einkaufen bei uns ist dafür vielleicht notwendig, aber sicherlich nicht hinreichend! Aber im Ernst: Was ist Glück für den Menschen? Ich denke, den Menschen zeichnet aus, dass er Neues in die Welt bringen kann. Wenn man das Glück hat, über Fähigkeiten zu verfügen und Möglichkeiten vorzufinden, diese Fähigkeiten auch einzubringen und zu entwickeln – und wenn man geliebt wird –, dann kann es gelingen, ein wirklich glücklicher Mensch zu sein.

»Wir gehen bei dm davon aus, dass Umbrüche und überraschende Wendungen die neue Normalität sein werden.«

Zusammen mit der Initiative #WeAreAllUkrainians unterstützt dm Mütter und Neugeborene in der Ukraine

Zeittafel: 4000 Filialen in 50 Jahren

▶ **1944**
Götz Werner wird in Heidelberg geboren. Sein Vater betreibt dort eine Drogeriekette.

▶ **1968**
Götz Werner tritt in die väterliche Drogerie ein, überwirft sich aber nach wenigen Monaten mit seinem Vater.

▶ **1972**
Götz Werners Sohn Christoph wird in Karlsruhe geboren.

▶ **1973**
Götz Werner gründet dm-Drogeriemarkt, nachdem er als Prokurist einer Karlsruher Drogeriekette für seine Idee bei den Gesellschaftern keine Unterstützung fand.

▶ **1974**
Die gesetzliche Preisbindung für Drogeriewaren fällt. Dadurch bekommen Drogerie-Discounter großen Zulauf. Um schneller wachsen zu können, holt Götz Werner den erfahrenen Handelsunternehmer Günther Lehmann als Mitgesellschafter ins Unternehmen. Dessen Familie hält bis heute die Hälfte von dm, ist dort aber nicht aktiv tätig.

▶ **1976**
Das Unternehmen wächst schnell. In Österreich wird der erste dm-Markt im Ausland eröffnet, in Deutschland wird es schon bald mehr als 100 Filialen geben.

▶ **1986**
Der Drogeriemarkt will nicht nur Händler sein, sondern auch bei den Produkten mitreden: Mit der Bio-Marke Alana für Kinderbekleidung startet das Unternehmen seine erste Eigenmarke. Heute hat dm 30 eigene Marken mit rund 4500 verschiedenen Produkten.

▶ **1993**
Vier Jahre nach dem Fall des Eisernen Vorhangs verstärkt dm mit der Eröffnung ungarischer und tschechischer Filialen seine Auslandsexpansion.

▶ **2000**
Es gibt über 1000 dm-Filialen, mehr als die Hälfte davon im europäischen Ausland.

▶ **2005**
Götz Werner setzt sich erstmals für das bedingungslose Grundeinkommen ein.

▶ **2008**
Mit 65 Jahren zieht sich Götz Werner aus der Geschäftsführung zurück und wechselt in den Aufsichtsrat. Er übergibt an seinen damaligen Stellvertreter Erich Harsch, der nicht aus der Gründerfamilie stammt.

▶ **2009**
In mehr als 2000 Filialen in Deutschland, Österreich, Ungarn, Tschechien, der Slowakei, Slowenien, Kroatien, Serbien, Bosnien-Herzegowina, Rumänien und Bulgarien erzielen 34.000 Mitarbeiterinnen und Mitarbeiter über 5 Milliarden Euro Umsatz.

▶ **2011**
Nach Stationen im Management des Kosmetikkonzerns L'Oréal und des Pharmaunternehmens GlaxoSmithKline (GSK) steigt Christoph Werner als Geschäftsführer Marketing und Beschaffung bei dm ein.

▶ **2019**
Christoph Werner wird Vorsitzender der Geschäftsführung.

▶ **2022**
Götz Werner stirbt in Stuttgart. Zu diesem Zeitpunkt arbeiten 72.000 Mitarbeitende in knapp 4000 dm-Filialen in 13 Ländern.

▶ **2023**
Pro Tag kaufen bis zu zwei Millionen Menschen in Deutschland bei dm ein. Die Hälfte aller deutschen Haushalte bezieht Drogeriewaren und Bio-Lebensmittel bei dm.

Über die Autoren

Hauke Reimer ist Vize-Chefredakteur der *WirtschaftsWoche*. Der unter anderem mit dem Helmut-Schmidt-Journalistenpreis ausgezeichnete Wirtschaftsjournalist arbeitete vor seinem Wechsel zu dem Düsseldorfer Magazin als Finanzmarktkorrespondent der Nachrichtenagentur vwd in Frankfurt. 1997 übernahm der studierte Volkswirt die Federführung des *Wirtschafts-Woche*-Finanzressorts, das er bis heute leitet.

Martin Seiwert hat die Buchreihe *Mein Leben, meine Firma, meine Strategie* entwickelt und ist der redaktionelle Leiter. Der Redakteur der *WirtschaftsWoche* hat sich auf die Berichterstattung über Unternehmen spezialisiert. Als Leiter des New Yorker *WirtschaftsWoche*-Büros verantwortete er die Wirtschafts- und Politikberichterstattung aus den USA. Seiwert wurde als Journalist des Jahres, mit dem Herbert-Quandt-Medienpreis sowie mit Nominierungen für den Nannen-Preis und den Deutschen Journalistenpreis ausgezeichnet. Er ist Autor der Bücher *Die Mitte von Nirgendwo, Reinhold Würth – Mein Leben, meine Firma, meine Strategie* und *Claus Hipp – Mein Leben, meine Firma, meine Strategie.*

Bildnachweis

Für folgende Fotos ist der dm-Drogeriemarkt der Rechteinhaber:
S. 99, 102, 124, 151, 152, 156, 158, 161, 163

Autorenfotos: Frank Beer, Frank Schemmann

Alle anderen Fotos stammen von Christoph Werner.

VOM ZWEIMANNBETRIEB ZUM WELTMARKTFÜHRER

- Im Gespräch mit der WiWo erzählt Reinhold Würth von seiner Kindheit, den Anfängen des Betriebs und den Erfolgsgeheimnissen des jahrzehntelangen Wachstums.

- Der erste Band der Reihe **MEIN LEBEN, MEINE FIRMA, MEINE STRATEGIE** – in Kooperation mit der WirtschaftsWoche

Schauen Sie vorbei auf **www.gabal-magazin.de** oder folgen Sie uns auf unseren Social-Media-Kanälen!

BIO-IMPERIUM MIT GUTEM NAMEN

ISBN 978-3-96739-006-3 / Auch als E-Book erhältlich

- Im Gespräch mit der WiWo erklärt Claus Hipp, wie er aus dem kleinen Betrieb seines Vaters einen der größten Hersteller von Babyprodukten formte und warum er seine Firma schon vor über fünfzig Jahren zum grünen Musterbetrieb machte.

- Der zweite Band der Reihe **MEIN LEBEN, MEINE FIRMA, MEINE STRATEGIE** – in Kooperation mit der WirtschaftsWoche

Schauen Sie vorbei auf **www.gabal-magazin.de** oder folgen Sie uns auf unseren Social-Media-Kanälen!

DER BEKANNTESTE START-UP-INVESTOR DER REPUBLIK

- Im Gespräch mit der WiWo erzählt Ausnahme-Unternehmer und Seriengründer Frank Thelen, welche Fehler Gründer machen, an welche Zukunftstechnologien er glaubt und warum er sich für den Tech-Standort Deutschland einsetzt.

- Der dritte Band der Reihe **MEIN LEBEN, MEINE FIRMA, MEINE STRATEGIE** – in Kooperation mit der WirtschaftsWoche

Schauen Sie vorbei auf **www.gabal-magazin.de** oder folgen Sie uns auf unseren Social-Media-Kanälen!

IMPULSGEBER UND KARRIEREBEGLEITER

Alle Bücher zu den Themen Beruf & Karriere finden Sie auf www.gabal-verlag.de!

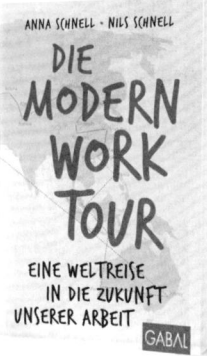

Schauen Sie vorbei auf **www.gabal-magazin.de** oder folgen Sie uns auf unseren Social-Media-Kanälen!

MITARBEITER FÖRDERN, UNTERNEHMEN VORANBRINGEN

Alle Bücher zu den Themen Management & Führung finden Sie auf www.gabal-verlag.de!

ISBN 978-3-96739-088-9

ISBN 978-3-96739-110-7

ISBN 978-3-96739-089-6

ISBN 978-3-96739-097-1

ISBN 978-3-96739-094-0

ISBN 978-3-96739-091-9

Schauen Sie vorbei auf **www.gabal-magazin.de** oder folgen Sie uns auf unseren Social-Media-Kanälen!